ISBN : 978-2-412-05587-8
Dépôt légal : mars 2020
Imprimé en Espagne

Relecture : Amélie Bazin
Mise en page : Istria

Éditions First, un département d'Édi8
92, avenue de France
75013 Paris
Tél. 01 44 16 09 00 / Fax 01 44 16 09 01
Courriel : firstinfo@efirst.com / Internet : www.editionsfirst.fr

Pierre Soubiale

Vous reprendrez bien un peu de philo ?

First Éditions

Sommaire

Introduction 7

Chapitre 1 **Erreur de destinataire** 9
Freud et l'hypothèse de l'inconscient psychologique

Chapitre 2 **Homo Fashionicus** 25
René Girard et la notion de désir triangulaire

Chapitre 3 **Chute** 43
Pourquoi rit-on d'un homme qui tombe (même dans un enterrement) ?

Chapitre 4 **Macaque crabier** 59
Pourquoi s'évanouit-on devant une bête féroce ?

Chapitre 5 **Vie rêvée** 75
Aimerait-on vraiment vivre une vie... rêvée ?

Chapitre 6 **Résonnez musettes !** 91
Faut-il dire la vérité à ses amis, même dans une maternité ?

Chapitre 7 **Le prince et le prof** 107

Faut-il être gentil pour être un bon prof ?

Chapitre 8 **Biber et Bieber** 123

Pourquoi avez-vous honte d'avouer que vous aimez Justin Bieber ?

Chapitre 9 **Petit lépidoptère** 139

Sommes-nous de méchants consommateurs ?

Chapitre 10 **Rabachat** 155

La philo, est-ce que c'est fait pour aller bien ?

Remerciements 171

Les bons profs 173

Introduction

Rentrée de septembre : l'angoisse de se retrouver devant une classe qui va découvrir une nouvelle matière, en même temps que son professeur ; l'angoisse d'être à la hauteur, de réussir à transmettre une passion.

Mais une fois l'angoisse passée, quel plaisir ! Le professeur de philosophie ne s'y était peut-être pas attendu.

C'est que, parfois, la thèse est abstraite, et l'idée difficile. Que veut dire Kant, avec son « impératif catégorique » ? Et Sartre, avec son « cogito préflexif » ? L'« hédonisme radical », ça fait mal aux dents ?

Il faut trouver le bon exemple, celui qui rend la pensée vivante, concrète, surprenante. C'est ainsi que sont nées les situations reproduites dans ce livre. Elles constituent, à chaque fois, le point de départ d'une réflexion philosophique – point de départ qui a souvent été celui que l'enseignant, en classe, s'était trouvé surpris de proposer !

Car il s'agit de situations qui, sans être toujours communes, sont toutefois de celles auxquelles on s'identifie facilement, quels que soient son âge et sa formation, mais dont on ne voit pas tout de suite ce que Descartes ou Platon auraient eu à en dire. Et pourtant, la philosophie s'est immiscée, souvent de manière très efficace.

Vous ne comprenez pas pourquoi vous ne retrouvez pas vos clés avant de partir, alors que vous les avez sous les yeux ?

Laissez Freud intervenir. Vous éprouvez l'envie de rire, même (et surtout !) dans une situation grave ? Bergson a une hypothèse... Vous êtes persuadé que cette petite veste – celle qui vous coûtera un tiers de salaire – est celle qu'il vous faut ? René Girard vous donne la clé du désir.

On a bien ri, en classe. On s'est même beaucoup amusés en comprenant que la philosophie pouvait éclairer nos comportements. Mais surtout, on a côtoyé les philosophes car l'enseignant veut confronter les élèves à la philosophie telle qu'elle s'est écrite. C'est pourquoi chacune des réflexions proposées, tirées de ces situations, s'appuie sur des textes concis, choisis avec soin. Des textes d'auteurs, simples, essentiels, agrémentés d'une petite citation en début de chapitre, spécialement choisie pour briller en dîner mondain.

Le lecteur aura ainsi l'occasion, lui aussi, de *faire* de la philosophie, en l'appliquant à son quotidien. Quels que soient son âge et sa formation, il y trouvera son compte : le nouveau bachelier ; l'ancien cancre ; celui pour lequel *la-philo-c'est-pas-fait-pour-lui* ; celui dont le prof était fou, ou absent ; celui qui pense que la philo, c'est de l'eau... Quel que soit le lecteur, il s'initiera avec plaisir à Freud, Girard, Bergson, Sartre (peut-être un peu moins, pourtant c'est vraiment bien), Descartes, Kant, Machiavel, Platon, Bourdieu et d'autres encore.

Vous en voulez la preuve ? Les élèves me l'ont dit !

Chapitre 1
Erreur de destinataire

Freud et l'hypothèse de l'inconscient psychologique

« Le Moi n'est pas maître dans sa propre maison. » Freud

Il va falloir trouver la bonne formule. Vous pensiez avoir fait le plus difficile ? C'est pourtant là que tout commence. Il vous avait déjà fallu bien du courage pour oser lui parler. De mémoire, d'abordage, d'ailleurs, on a rarement vu si maladroit. Humour déplorable, bafouillage ; vous avez fourni la prestation du parfait looser. Mais contre vents et marées, vous avez courageusement mené votre barque : vous disposez du sacro-saint zéro-six.

Un beau numéro, tout rond, tout vrai, qui sonne bien, avec des chiffres et des lettres pour un prénom qui vous obstine depuis trois jours.

Trois jours... C'est que, sous vos airs de néophyte, vous connaissez quelques rudiments. Et au nombre des règles de base, la plus fondamentale, la plus universelle, consiste à ne pas écrire trop vite à celui ou celle que l'on convoite. Eh ! En plus de m'obséder, il faudrait qu'elle jouisse de le savoir ?

Que nenni. Vous prenez vos distances, afin qu'elle comprenne que son sourire ravageur n'est pas une priorité. Vous avez une vie bien remplie, des projets, mille amis à voir, deux mille choses à faire ; laissons planer le doute. Mais voilà, derrière toute cette simagrée, il ne faudrait quand même pas qu'on vous oublie. C'est l'heure de reprendre contact.

C'est ici qu'il intervient. Qui ? « L'homme de la situation. » On en a tous un dans notre entourage. Passé maître dans l'art du boniment, l'origine de sa science est toujours demeurée un mystère ; mais il n'empêche, elle fonctionne ! Il a l'art du mot juste, de la phrase qui décape, ses textos sont comme des missiles en plein cœur ; Cupidon, dit-on, en abandonna ses flèches.

Vous lui racontez la situation. Étant donné votre première approche (qui ne manque pas de susciter ses sarcasmes), vous avez bien conscience de marcher sur des œufs ; il vous faudra donc la *jouer fine*. Lui proposer un rendez-vous ? Oui, mais pas simplement. Il faut ajouter du piquant, miser sur l'originalité ; tentons une petite blague, feignons la légèreté.

Sauf que vous n'êtes pas le roi des boute-en-train, alors il faut creuser. Pénétré des conseils qu'on a su vous donner, vous composez le message de votre vie, opérant avec la minutie d'un horloger. Mots, virgules, points d'exclamation, tout est pesé. Vous aboutissez.

Mais avant d'envoyer la fatale missive, il vous faut obtenir la bénédiction du grand gourou. Vous lui proposez votre message, puis écrivez :

« Bon, après 2 heures de travail, et suivant tes bons conseils, je pense écrire ceci. Mais j'hésite encore pour la dernière phrase. Smiley ou pas smiley ? Faudrait pas qu'elle sache que je suis déjà amoureux quand même. Au fait, t'as vu la photo que je t'ai envoyée ? Où elle est avec son chat sur le balcon ? J'aime pas trop la tête de l'animal. »

À peine avez-vous appuyé sur la touche d'envoi que votre cœur se soulève. Vous n'osez y croire, et pourtant c'est vrai : plutôt qu'à lui, c'est à elle que vous avez envoyé le message ! Vous vous arrachez les cheveux. Comment cela a-t-il pu arriver ? De celle-là, vous ne vous remettrez pas. Adieu le premier rendez-vous, le mariage et les enfants. Misères de la communication virtuelle ! L'erreur est irréparable, et vous le savez. Vous accusez le sort, pestez contre votre étourderie...

Mais au fait, s'agit-il vraiment d'un accident ?

VOUS AVEZ COMMIS *un acte manqué*

Que tout ceci n'ait rien d'accidentel, voilà très certainement ce qu'aurait pensé Freud : il vous aurait patiemment expliqué que vous avez commis un « acte manqué ».

Un acte manqué ? Certes, vous avez l'impression d'avoir raté quelque chose, mais vous ne voyez pas ce que l'on vous apprend de plus avec ce terme.

C'est que vous n'y êtes pas. En fait, l'acte manqué pourrait tout aussi bien être qualifié de réussi... Reprenons : cette personne-là, vous l'avez aimée dès le premier regard.

C'était comme une évidence, et rares sont les coups de foudre ; ne vous plaignez donc pas ! Mais ce sentiment, vous avez décidé de le garder pour vous, de le tenir secret. Bien plus, vous avez feint le détachement.

Mais regardons bien. Avec cette erreur de destinataire, vous venez d'avouer que vous en pinciez. C'est que vous en avez des contacts, et ce texto, vous ne l'avez pas envoyé à votre frère, à votre sœur ou votre patron, mais à elle !

Quelle conclusion pouvez-vous en tirer ? Sans aucun doute que vous avez fait ce que vous désiriez vraiment. Telle est la définition de l'acte manqué : réaliser un désir malgré vous, sans le vouloir. Vous avez l'impression qu'on se joue de vous ? Vous avez raison. Et qui donc est responsable, docteur Freud ? *L'inconscient.*

Le mot est lâché. C'est étrange... vous ne voyez pas très bien de quoi il s'agit et pourtant, ça vous remue un peu, ce terme. C'est vrai qu'on vous en a déjà parlé, mais vous avez toujours eu du mal à y croire.

Quoi de plus normal : vous êtes cartésien. L'homme n'a peut-être pas l'agilité du guépard, ni même le style criard du poisson mandarin, mais il a son truc à lui : la conscience. Et avec ça, lui sait au moins ce qui se passe dans sa tête !

Descartes et le cartésianisme

René Descartes, en effet, affirmait que toute pensée était nécessairement consciente. Voir par exemple la définition qu'il donne dans les *Principes de la philosophie*, I, 9 : « Par le mot de penser, j'entends tout ce qui se fait en nous de telle sorte que nous l'apercevons immédiatement par nous-mêmes. »

Et pourtant, rien n'est moins sûr, selon Freud, qui affirme doctement : « Le Moi n'est pas maître dans sa propre maison. »

Minute ! Ne vous prendrait-on pas pour un idiot ? L'inconscient... il est bien beau, le terme, mais vous doutez quand même un peu. Qu'est-ce qui lui prouve, au docteur, qu'il existe, cet inconscient ? Ça n'a pas l'air de s'observer, cette chose ; à vous, il vous faut des preuves, du tangible, du concret. Comme saint Thomas, vous ne croyez que ce que vous voyez, et vous trouvez bien difficile de penser que votre mésaventure puisse être autre chose qu'une maladresse.

RASSUREZ-VOUS, *vous n'êtes pas malade...*

Rassurez-vous, l'hypothèse de l'inconscient s'est présentée à Freud lui-même comme parfaitement choquante... Pourquoi ? Parce que ça ne collait pas du tout avec sa formation. Car le père de la psychanalyse était d'abord médecin. Or, en médecine, on vous apprenait à l'époque – à Vienne, dans les années 1880 – que toute pathologie devait avoir une cause physiologique ; tout problème, en somme, trouvait sa source dans un dysfonctionnement du corps.

Mais voici qu'arrivèrent dans les hôpitaux de curieux patients, les *hystériques*, qui se plaignaient de symptômes (cécité, tremblements, paralysie...) parfaitement inexplicables : en effet, tout fonctionnait bien dans leur corps !

Envahis, les médecins ; débordés, même. Mais surtout : agacés ! Imaginez bien que tout le monde les prenait pour des simulateurs...

Tout le monde, sauf un, Freud, qui découvrit après bien des efforts que la cause de cette curieuse maladie n'était pas à chercher dans le corps, mais dans l'esprit. En effet, par la simple mise en place d'un dialogue – qui, il faut le dire, pouvait s'étaler sur des années –, notre docteur découvrit que les hystériques souffraient de désirs qu'ils ignoraient et qui venaient les hanter...

La méthode des associations libres

La méthode des associations libres consiste à demander au patient de se concentrer sur son trouble, puis de communiquer à l'analyste tout ce qui lui vient en tête, sans opérer aucune censure.

Mais comment pouvait-il savoir, celui-là, qu'il existait des désirs cachés chez ces patients qui les ignoraient eux-mêmes ?

Tout simplement parce que lorsqu'ils en prenaient conscience, les symptômes disparaissaient ! Vraie cathartique !

La méthode cathartique

La méthode cathartique consiste, en psychanalyse, à se libérer d'un ensemble de troubles par la prise de conscience d'un désir refoulé.

Quant à vous, pas de panique, vous n'êtes pas malade. Vous n'avez fait qu'envoyer un texto au mauvais destinataire, et cela ne fait pas nécessairement de vous un névrosé. Certes, mais du névrosé à l'homme sain, sachez qu'il n'y a qu'un pas...

...MAIS SUJET À L'INCONSCIENT, *quand même*

Car l'inconscient ne se manifeste pas seulement dans la maladie. En réalité, ses effets sont perceptibles dans nos faits et gestes les plus quotidiens, comme ce petit message envoyé par erreur...

Pour le comprendre, prenons un exemple que nous propose Freud lui-même à l'occasion d'une conférence. En s'adressant au public, il déclare :

> « » Supposez que, dans la salle de conférences, dans mon auditoire calme et attentif, il se trouve pourtant un individu qui se conduise de façon à me déranger et qui me trouble par des rires inconvenants, par son bavardage ou en tapant des pieds.

Jusque-là, le cancre que vous étiez comprend plutôt bien. Continuons :

> Je déclarerai que je ne peux continuer à professer ainsi ; sur ce, quelques auditeurs vigoureux se lèveront et, après une brève lutte, mettront le personnage à la porte. Il sera « refoulé » et je pourrai continuer ma conférence. Mais, pour que le trouble ne se reproduise plus, au cas où l'expulsé essaierait de rentrer dans la salle, les personnes qui sont venues à mon aide iront adosser leurs chaises à la porte et former ainsi comme une « résistance ».
> Si maintenant l'on transporte sur le plan psychique les événements de notre exemple, si l'on fait de la salle de conférences le conscient, et du vestibule l'inconscient, voilà une assez bonne image du refoulement.

Pour un pédagogue, le type en est un. Le personnage récalcitrant figure les désirs inconscients, qui viennent perturber la conscience comme le premier perturbe la séance. La solution ? À la porte ! Au moins, vous serez tranquille.

Tranquille, vous dites ? Pas tout à fait. Voyez la suite :

> Je vais reprendre ici notre comparaison [...] Il est certain qu'en éloignant le mauvais sujet qui dérangeait la leçon et en plaçant des sentinelles devant la porte, tout n'est pas fini. Il peut très bien arriver que l'expulsé, amer et résolu, provoque encore du désordre [...]. Il crie, donne des coups de poing contre la porte et trouble ainsi la conférence plus que par son attitude précédente.

Quelle plaie !

> Dans ces conditions, il serait heureux que le président de la réunion veuille bien assumer le rôle de médiateur et de pacificateur. Il parlementerait avec le personnage

récalcitrant, puis il s'adresserait aux auditeurs et leur proposerait de le laisser rentrer, prenant soin sur lui de garantir une meilleure conduite. On déciderait de supprimer le refoulement et le calme et la paix renaîtraient.

Supprimer le refoulement ? Laisser entrer l'inconscient ? Oui, mais pas à n'importe quel prix. Il vous faudra parlementer.

VOUS AVEZ, COMME FREUD, *cédé à un petit compromis*

Imaginez que vous soyez, vous, un désir interdit. Quelle solution envisageriez-vous pour franchir la barrière de la conscience ? Pour duper la douane ? Pour sûr, vous vous déguiseriez. Eh bien, c'est exactement ce que fait l'inconscient : en se travestissant, il parvient à contourner la censure. *Ni vu, ni reconnu !*

Vous craignez de comprendre ? C'est que vous voyez juste. Votre petit acte manqué n'est rien d'autre que cela : un déguisement. En prenant le masque de la maladresse, votre souhait le plus cher s'est concrétisé !

Ruse de l'inconscient, donc, qui s'y connaît en compromis : en réalité, pas mal de nos ratés quotidiens s'expliquent par là. À ce propos, connaissez-vous les lapsus ? Figurez-vous qu'ils ont beaucoup intéressé Freud. Vous lirez ainsi, dans sa *Psychopathologie de la vie quotidienne* :

> « » On se rappelle encore la manière dont le président de la Chambre des députés autrichienne a, un jour, ouvert la séance : « Messieurs, dit-il, je constate la présence de tant de députés et déclare, par conséquent, la séance close. » L'hilarité générale que provoqua cette déclaration

fit qu'il s'aperçut aussitôt de son erreur et qu'il la corrigea. L'explication la plus plausible dans ce cas serait la suivante : dans son for intérieur, le président souhaitait enfin pouvoir clore cette séance dont il n'attendait rien de bon.

D'une certaine façon, c'est aussi ce qui vous est arrivé. Sauf que vous n'êtes pas le représentant de la Chambre autrichienne. Il n'empêche : dans les deux cas, la maladresse n'est qu'apparente.

Soit, mais qu'en est-il de notre psychanalyste ? Est-il également sujet aux actes manqués ? Plus que personne ! Sachez en effet que c'est bien souvent dans sa propre expérience personnelle que pioche notre ami. Parmi différents exemples, on trouvera le cas suivant :

« » Autrefois, lorsque je faisais plus fréquemment des visites à domicile, il m'arrivait souvent, une fois devant la porte à laquelle je devais frapper ou sonner, de tirer de ma poche les clés de mon propre appartement, pour ensuite… les y remettre honteusement.

Étourderie ? Regardez la suite :

« » Si j'établis la liste des patients pour qui c'était le cas, alors il me faut admettre que cet acte manqué – sortir ses clés au lieu de sonner – signifiait un hommage rendu à la maison où j'avais fait ce geste raté. Il était l'équivalent de la pensée : « Ici, je suis comme chez moi », car il ne se produisait que là où j'avais pris en affection.

Soudain vous vous sentez moins seul, et vous vous dites que vous ne regarderez plus les choses de la même façon… Toutefois, vous vous sentez comme embêté : s'il faut à chaque fois vous mettre dans l'embarras pour savoir ce que vous désirez vraiment, vous risquez fort de rester longtemps célibataire. Rassurez-vous, il existe une autre solution !

SUR VOTRE TABLE DE CHEVET, *un papier et un crayon*

Savez-vous comment devenir psychanalyste ? Il n'y a qu'une option : c'est d'avoir soi-même suivi une psychanalyse. *Quid* de l'œuf et de la poule : comment Freud est-il devenu psychanalyste, puisque c'est lui-même qui l'a inventée ? Réponse : il s'est auto-psychanalysé, évidemment !

Comment ? *En interprétant ses rêves.* Car, oui, les rêves ont une grande importance en psychanalyse. Et devinez quoi ? Vous détenez déjà la première clé des songes...

Comme tout le monde, votre vie onirique a ses hauts et ses bas. Parfois, vous rêvez de choses agréables, à d'autres moments, c'est carrément l'enfer, et vous vous réveillez en sursaut. Mais bien souvent, tout cela n'a franchement ni queue ni tête, et sonne comme un joyeux désordre. Reste que, dans tous les cas, la fonction du rêve est la même.

Pour nous faire comprendre cela, Freud s'appuie sur un rêve simple : celui du petit Hermann. La journée, l'enfant est envoyé par son grand-père pour aller cueillir des cerises. Mais, folle proscription, celui-ci lui interdit, une fois rentré, de goûter à la précieuse récolte. La nuit, Hermann se met à rêver. De quoi ? Le lendemain matin, son récit est sans équivoque : « Hermann a rêvé qu'il mangeait toutes les cerises ! »

Il ne faut pas chercher bien loin pour comprendre ce qui s'est passé : dans son rêve, le petit Hermann a réalisé un désir qu'il n'avait pas pu satisfaire. En somme, donc, le rêve a procuré une satisfaction imaginaire à un désir interdit. Or, telle est bien la fonction de tout rêve pour Freud, qui affirme : « Tout rêve est la réalisation d'un désir. »

Soit, mais vous ne voyez pas très bien quel désir vous réalisez quand vous cauchemardez, par exemple, que les nazis reviennent. Mais l'on vous a déjà dit que vous disposiez de la première clé des songes.

C'est que les rêves, dans leur mécanisme, ne sont pas autre chose que les actes manqués : s'ils sont la réalisation de désirs, ils sont bien souvent la réalisation *déguisée* de désirs. Et pourquoi ? Parce que ces désirs sont justement les mêmes : ce sont des désirs interdits, inconscients, refoulés. Là encore, nos pulsions prennent soin de se travestir pour accéder à la conscience !

Mais il y a plus. Vous voyez comment le rêve, contrairement à ce que l'on croit, est le « gardien du sommeil ». Vous est-il déjà arrivé, un matin, de vous faire tromper par votre radio réveil quand l'impétueuse sonnerie, plutôt que de vous ranimer, s'intègre à votre rêve ? Si oui, vous comprendrez très bien de quoi il s'agit : plutôt que de perturber votre sommeil, le rêve est en fait ce qui vous permet de le prolonger...

Ce sera la même chose avec l'inconscient qui vient frapper à la porte quand vous dormez : pour ne pas vous réveiller, la censure ouvre une trappe... à la condition de se déguiser pour rentrer !

D'où l'art du psychanalyste, qui consiste à *interpréter* le rêve. Lui sait quelles sont les techniques qu'adopte l'inconscient pour se travestir. Et parmi celles-ci on trouve par exemple :

- La symbolisation : elle consiste à transformer une idée en image ;
- La condensation : sorte de compression, c'est quand un petit nombre d'images du contenu objectif exprime une diversité beaucoup grande d'idées du contenu latent ;
- Le déplacement : le plus important du point de vue latent va devenir secondaire du point de vue manifeste ;

- L'élaboration secondaire : c'est la conscience qui, percevant le rêve après coup, cherche à lui donner une cohérence.

Clou du spectacle. Vous croyez avoir tout vu, mais vous apprendrez que, bien souvent, nos désirs inconscients sont de nature sexuelle. Alors, ce soir, au moment de dormir, vous disposerez peut-être un crayon et un papier sur votre table de chevet. Et dès le réveil… il vous faudra faire vite pour les transcrire, car les rêves sont fugaces !

UN PEU DE GÉOGRAPHIE, *pour finir*

Vous voici désormais apprentis psychologues et vous découvrez que c'est bien complexe, là-haut. Freud ne vous le fait pas dire, lui qui a même dressé une carte de la pensée pour s'y retrouver. Regardons-y de plus près :

La première topique

Freud a réalisé deux topiques, qui permettent de dresser une cartographie de l'inconscient. La première topique repose sur une tripartition :

1. Le conscient : l'ensemble de ce que nous percevons actuellement.
2. Le préconscient : il s'agit de ce qui est inconscient, mais qui n'est pas refoulé. Le préconscient renvoie donc à tous les faits psychiques latents, qui sont susceptibles de devenir conscients.
3. L'inconscient : il désigne l'ensemble des faits psychiques refoulés, qui sont incapables d'arriver à la conscience.

Dans ce que l'on nomme la deuxième topique, on a tout d'abord le *Ça*. Qu'est-ce que c'est, le Ça ? En gros, le réservoir de nos pulsions inconscientes. De la morale, il s'en fiche pas mal, lui. La seule chose qui lui importe ? Faire en sorte que les pulsions trouvent satisfaction. Vous êtes amoureux de votre beau-frère ou de votre belle-sœur ? Qu'importe ! Pour lui, il faut que ça se sache. Sauf que le Ça n'est pas tout seul...

Vient ensuite le Surmoi. Moitié conscient, moitié inconscient, il s'occupe de faire la loi. C'est en lui que sont intériorisés tous les interdits moraux. Heureusement qu'il est là, sans quoi vous n'auriez franchement pas beaucoup d'amis...

Enfin, on trouve le Moi. Le Moi, c'est l'instance qui est chargée de gérer tout ce joyeux bazar. Plus précisément, son rôle est de veiller à ce que votre vie psychique puisse garder son intégrité, en veillant à ne satisfaire que les pulsions convenables.

Mais rappelez-vous : « Le Moi n'est pas toujours maître dans sa propre maison... »

POST-SCRIPTUM, *pour terminer*

Lundi matin, le réveil est douloureux. Non pas que vous soyez sorti la veille au soir (le dimanche, c'est quand même déraisonnable), mais samedi, c'était une autre histoire. Alors que vous vous étiez promis de rester sage, vous êtes tombé dans un guet-apens. C'est que vos amis, sous leur apparente bonhomie, sont en réalité diaboliques, et savent manigancer en sous-marin. Et voilà que, bien malgré vous, vous vous êtes retrouvé sur la piste de ce bar-boîte mal éclairé, chantant à tue-tête des tubes rétro que vous n'oseriez même pas, en temps normal, admettre que vous connaissez.

Le dimanche matin, la facture est salée, et si Rousseau écrit quelque part qu'à défaut de savoir guérir, il faut savoir être malade, vous ne savez quant à vous ni l'un ni l'autre, et n'avez cure d'une sagesse à laquelle vous avez manifestement renoncé. Heureusement que vous ne travaillez pas, et que la journée devrait suffire à panser vos blessures. Mais voilà, vous n'avez plus 20 ans et, quelles que soient vos précautions, le réveil du lundi matin sonne comme une damnation. Vous vous levez à la hâte, êtes déjà sur le seuil de la porte quand, pantois, vous balayez l'appartement d'un regard anxieux.

La main sur la poche, l'inquiétude vous gagne. Un vague pressentiment de ce que la matinée va se compliquer vous envahit. Mais où diable ces clés se trouvent-elles ? Quel mal avez-vous fait au ciel pour que l'on vous empêche, vous, qui êtes déjà cadavérique, de retrouver ce crucial passe-partout ? Vous cherchez en tous lieux (même dans les endroits les plus improbables !), remuez tout. Rien n'y fait, elles sont introuvables. Vous accusez le sort, la providence, le chat, vous-même ! Il faudra vraiment songer à mettre de l'ordre dans cet appartement (comme dans votre vie d'ailleurs) où, manquant de déchoir à chaque pas, vous avez l'impression d'errer comme sur un champ de bataille, tâchant de glaner le secours inespéré d'inconnus rencontrés au hasard (elles doivent être dans la poche de ce pantalon !), et qui finissent toujours par vous décevoir.

Mais voilà qu'au moment même où vous envisagez de partir en laissant ouvert, les clés réapparaissent. Et pas n'importe où ! Sous vos yeux, au milieu du bureau. Vous êtes passé devant dix fois, cent fois, et ne les avez même pas vues. Vous vous apprêtez à les saisir, quand un détail vous frappe : les clés reposent sur un drôle de document. Vous vous approchez, et c'est le haut-le-cœur : oui, c'est bien votre facture EDF de régularisation, toujours impayée.

Infâme bordereau ! Double coup du sort, qui rajoute à vos soucis celui de l'atermoiement qu'on vous accorde gracieusement, mais pas trop quand même.

Comment expliquer que vous aviez les clés sous vos yeux, sans les voir ? Faut-il vraiment accuser le sort ? Tout cela est-il dû à votre état embrumé ? Et si, au fond, vous ne trouviez pas vos clés parce que *vous refusiez tout bonnement de les voir là où elles étaient* ? Vous repensez au vieux docteur, et vous souriez...

Chapitre 2
Homo Fashionicus

René Girard et la notion de désir triangulaire

« L'homme désire toujours selon le désir de l'autre. » **René Girard**

C'est aujourd'hui que la crise a éclaté. Au sortir de la salle de bain, pourtant, tout allait bien. Une première escale dans le tiroir des sous-vêtements, avant de saluer deux acolytes : ce bon vieux jean et, dans la famille des tee-shirts rigoureusement identiques, un petit nouveau-né que vous chérissez tout particulièrement.

L'étrange symptôme surgit au moment de vous draper. D'abord une petite gêne, presque imperceptible. Puis la nausée, qui vous envahit franchement.

Vous hésitez encore à vous déclarer souffrant quand la vue des tartines, d'habitude si promptes à vous rabonnir, vous fait monter les larmes aux yeux. Vous vous rendez à l'évidence : quelque chose ne va pas.

Vous réfléchissez, tâchant de déterminer l'origine du problème. De quel affreux tourment souffrez-vous ? Vous pressentez que le mal est profond.

Cafardeux, vous négligez le reste du petit-déjeuner pour vous préparer.

C'est alors que vous remarquez les portes de la penderie restées grandes ouvertes : étrangement, on dirait qu'elles vous appellent... Vous vous approchez timidement avant de vous retrouver, sans que vous l'ayez jamais voulu, face au miroir attenant.

C'est là que le choc a lieu. La découverte est subite, violente, infiniment cruelle. En moins d'une seconde, c'est la révélation et vous comprenez tout : vos curieux symptômes, vos angoisses, les soupirs de votre mère. Vous croyiez pouvoir passer entre les mailles du filet, échapper au terrible fléau, mais les faits sont là. Vous êtes touché, et pas qu'un peu. Vous êtes résigné, abasourdi par ce qui vous arrive ; vous avez compris la cause de votre malaise et vous ne pourrez plus désormais nier l'évidence.

Vous venez de découvrir que vous avez le look d'une pedzouille.

Que ça fait mal ! Que c'est dur ! Pourquoi n'a-t-on pas su vous alerter, vous prévenir ? C'est la panique, l'effroi, le sauve-qui-peut. Que faire ?

Heureusement, et comme tous les malades du XXIe siècle, vous vous rappelez qu'où que vous soyez, vous n'êtes désormais plus seul, et que les médecins peuvent bien aller se faire crosser avec leurs dix ans d'études.

Rasséréné, vous retrouvez vos bons réflexes et faites enfin preuve d'intelligence : vous décidez de taper vos symptômes sur Google.

En deux clics, le diagnostic apparaît et c'est évidemment bien plus grave que vous ne le pensiez : vous êtes clairement resté figé dans le pire des années quatre-vingt-dix, et si vous ne réagissez pas maintenant, on ne donnera pas cher de votre vie sentimentale.

Épouvanté, vos parcourez la toile et ses multitudes de blogs. Vous avez le souffle coupé devant tous les grands gourous du style, les ambassadeurs du look et autres bien-pensants de la fripe.

Vous perdez le contrôle ; en vous, quelque chose a pris feu.

Votre désir ne vous appartient plus : bienvenue dans le terrible univers de la mode.

KARL LAGERFELD VS. *votre liberté*

Terrible, en effet. Vous pensiez disposer d'un libre-arbitre ? C'est bien. Mais vous apprendrez très vite que c'est faux.

Le faiseur de mode joue sur un mécanisme secret, particulièrement rentable : celui désir.

Grâce à cela, c'est lui qui fait la pluie et le beau temps ; grâce à cela, c'est lui qui décide aujourd'hui de ce que vous désirerez demain.

Mais heureusement, René Girard est là, et il a pas mal travaillé la question. Et lui aussi a percé certains mystères.

Vous verrez qu'à votre grande surprise, l'objet du désir, celui qui mobilise notre attention, qui nous obsède... ne joue quasiment aucun rôle ! Mais revenons d'abord sur nos pas.

« J'AI LA MÊME *à la maison* »

Le temps de l'abattement passé, vous décidez de prendre les choses en main, et déterminez votre cible. Au gré de vos pérégrinations sur le web, vous avez trouvé *la* pièce qui vous manque ; on vous certifie qu'avec elle, vous repartirez sur de bonnes bases.

Ni une ni deux, vous voilà déjà en route vers le temple de la mode.

« Je peux vous aider, peut-être ? »

C'est certainement votre air désemparé qui l'a conduite vers vous. La drôle de créature qui vous subjugue tout de suite par sa classe : une vraie dégaine, un style qui décoiffe, espèce de croisé entre Will Smith et Cristina Cordula. Voilà ce vers quoi vous devez tendre.

Si tu peux m'aider ? Sauve-moi, oui !

Vous répondez timidement : « Oui, merci, je cherche une veste. »

Par le plus grand des hasards, on a, dit-on, le modèle qu'il vous faut. Vous n'avez qu'à patienter, le temps qu'on aille le trouver.

Deux minutes plus tard, la jaquette arrive, mais c'est la déception. Vous doutez de vraiment ressembler à quelque chose avec ça sur le dos et, vu le prix, vous hésitez franchement. Vous faites le sceptique, endossez le rôle du client hésitant.

Il en faudra toutefois plus pour déstabiliser le spécimen : « Elle vous va parfaitement bien ; on dirait qu'elle a été taillée pour vous. » Vraiment ? Arrête ton char ! « En plus, c'est la dernière de cette taille. » Ah, tiens, heureusement que je suis venu tôt quand même !

Pour finir par : « Personnellement, j'ai la même à la maison ! » Quoi ? La même chez lui ?

TRÈS CLAIREMENT, CE N'EST PAS LA VESTE *que vous avez désirée...*

Cinq minutes plus tard, vous êtes déjà à la caisse pour vous délester d'un bon quart de salaire.

En rentrant, toutefois, le doute s'immisce. Vous avez l'impression d'accueillir une parfaite étrangère chez vous et, songeant que vous risquez fort de manger des pâtes durant les quinze prochains jours, vous vous demandez ce qui a bien pu se passer.

Comment avez-vous pu glisser de l'indifférence (voire du mépris) que suscitait cette veste à la première approche au désir de la posséder ensuite ? Si tout cela a changé si rapidement, c'est que cela n'a jamais été la veste que vous avez désirée.

POUR RENÉ GIRARD, *le désir n'est jamais linéaire*

Et c'est précisément ce que pense Girard qui démontre tout bonnement, dans son œuvre *Mensonge romantique et vérité romanesque*, que « l'objet du désir n'en est pas la cause ».

Cela paraît contre-intuitif, presque illogique : en effet, qu'est-ce qui déclencherait le désir, sinon l'objet ? C'est que nous souffrons tous, selon Girard, d'une illusion propre à la modernité : nous pensons que le désir est *linéaire*.

Le désir linéaire, qu'est-ce que c'est ? Rien de bien compliqué : il s'agit de la façon dont nous nous représentons spontanément le désir.

Voici, par exemple, une manière de le figurer :

1. Préjugé objectif : l'objet déclenche le désir

Vous ←——« La veste

Il y a illusion objectiviste quand vous pensez désirer l'objet en raison de ses qualités objectives : « C'est qu'elle est sympa cette veste : belle couleur, belle coupe ! » Bref, ici, vous pensez que l'objet du désir est *la cause* du désir, au sens où c'est lui qui déclencherait votre envie.

Cette première illusion ressemble à la seconde :

2. Préjugé subjectif : le désir se déclenche spontanément

Vous »——→ La veste

Illusion subjectiviste : vous avez l'impression d'avoir choisi cet objet par libre décret. Le désir serait alors, écrit Girard, comme « l'émanation d'une subjectivité sereine, la création *ex-nihilo* d'un

Moi quasi divin ». C'est comme si vous vous étiez levé un beau matin en décrétant, sans raison ni motif : « Et si je m'achetais une veste ? » et qu'à la question de savoir quelle mouche vous a piqué, vous répondiez : « Mais parce que j'en ai envie, c'est tout ! »

Remarquez donc que, dans les deux cas, le désir semble spontané, puisque le rapport entre le sujet et l'objet est immédiat : c'est une ligne droite !

IL N'Y A DONC JAMAIS *de désir spontané*

Mais attention car, comme le montre Girard, « le préjugé objectif rejoint le préjugé subjectif et ce double préjugé s'enracine dans l'image que nous nous faisons de nos propres désirs ». Que cela signifie-t-il ?

Que nous croyons tous à « ce mensonge qu'est le désir spontané ».

Un mensonge, et pas une simple erreur ! Car derrière cette double illusion se cache le vrai sens du désir. Les illusions subjectives et objectives, en faisant reposer le jeu du désir sur deux protagonistes seulement (vous, la veste), masquent un troisième élément : « Désirer à partir de l'objet équivaut à désirer à partir de soi-même : ce n'est jamais, en effet, désirer à partir de l'Autre. »

« L'Autre. » Nous ne sommes donc pas tout seuls dans cette affaire...

ENTRE LA VESTE ET VOUS, *un médiateur*

Avez-vous déjà remarqué qu'il suffit parfois de voir les autres rire pour se mettre à rire soi-même, même si l'on ignore pourquoi ? N'avez-vous jamais versé une petite larme devant celui qui, fût-il un inconnu, pleure comme une madeleine ?

Curieux phénomène : on rit, on pleure, simplement en imitant les autres, et parfois même sans savoir pourquoi.

Il existe donc un *mimétisme affectif* naturel chez tous les humains.

Mais ce qui intéresse Girard, c'est que, bien souvent, nous imitons autre chose que les affects chez autrui : nous imitons également son désir.

Entrons dans son argument.

VÉRITÉ *romanesque !*

Il faut savoir que Girard a beaucoup lu, et certainement pas qu'à la plage : tout Flaubert, tout Proust, tout Stendhal, tout Dostoïevski, et bien d'autres. Or, qu'a-t-il découvert lors de ses recherches ?

> «» Seuls les romanciers rendent au médiateur la place usurpée par l'objet ; seuls les romanciers renversent la hiérarchie du désir communément admise.

Autrement dit, c'est aux grands auteurs qu'il revient d'avoir déconstruit l'illusion du désir linéaire, en soulignant sa nature *imitative* :

> Seuls les romanciers révèlent la nature imitative du désir. Cette nature, de nos jours, est difficile à percevoir car l'imitation la plus fervente est rigoureusement niée.

Par quoi est-elle niée ? Toujours par l'illusion du désir spontané. Nous péchons tous par *romantisme* :

> Le vaniteux romantique ne se veut plus le disciple de personne. Il se persuade qu'il est infiniment original. Partout [...] la spontanéité se fait dogme. Ne nous laissons pas dupe.

Mensonge romantique, donc, contre vérité... romanesque ?

PROUST ET *la Berma*

Parmi tous les écrivains susnommés, Proust aura particulièrement retenu l'attention de Girard. Dans *À la recherche du temps perdu*, nombreux sont en effet les moments qui mettent en scène la nature mimétique du désir.

C'est par exemple le cas de ce passage où le narrateur lui-même – le petit Marcel – raconte qu'il rêve d'aller voir la Berma jouer Racine au théâtre.

Comment ce désir lui est-il né, à lui qui ne l'a pourtant jamais vue, et qui n'est même jamais allé au théâtre ? A-t-il complètement inventé ce désir ?

> Malheureusement, le narrateur n'a pas inventé la Berma. L'actrice est bien réelle ; elle existe ailleurs que dans le Moi qui la désire. On ne peut donc se passer d'un point de contact avec le monde extérieur.

Entre l'objet du désir et nous-mêmes, il y a le monde...

Girard poursuit :

> Mais ce n'est pas un objet, c'est une autre conscience qui assure ce contact. C'est un tiers qui désigne au narrateur l'objet qu'il va se mettre à désirer passionnément.

Dans le cas du petit Proust, ce tiers est un dénommé Bergotte, que le narrateur admire démesurément :

> Marcel sait que Bergotte admire la grande actrice. Bergotte jouit, auprès de lui, d'un immense prestige. La moindre parole du maître acquiert à ses yeux force de loi.

Le désir du petit narrateur n'a donc jamais été spontané !

Mais il y a plus. Voyez le retour du spectacle :

> Le narrateur a fini par se rendre à une représentation de la Berma. De retour à l'appartement familial, il fait la connaissance de M. de Norpois invité ce soir-là à dîner.

M. de Norpois, dans le premier tome de la *Recherche*, est un peu le Ryan Gosling de l'époque :

> Pressé de révéler ses impressions de théâtre, Marcel, ingénument, avoue sa déception. Son père est fort embarrassé et M. de Norpois se croit tenu de rendre à la grande actrice l'hommage de quelques pompeux clichés. Les conséquences de cet échange banal sont typiquement, essentiellement proustiennes. Les paroles du vieux diplomate remplissent le vide creusé par le spectacle dans l'esprit et la sensibilité de Marcel. La foi en la Berma renaît.

Si l'on résume, on observe donc que le désir du petit Proust fut initialement déclenché par Bergotte, avant d'être ranimé par M. de Norpois ; que le désir du petit Proust, en somme, a toujours été médiatisé par autrui.

Et, pour Girard, telle sera la clé du comportement de bien d'autres héros de la littérature : Emma Bovary chez Flaubert, qui rêve des histoires d'amour qu'elle lit dans ses romans ; Julien Sorel chez Stendhal, dont le désir de conquête calque celui de Napoléon, etc.

LE RÔLE *du tiers*

Tel le petit Marcel imitant Bergotte ou M. de Norpois, vous avez désiré la veste parce que le vendeur, à travers son « j'ai la même à la maison », vous a montré qu'il la désirait lui-même.

Regardez la publicité, qui a parfaitement bien compris ce mécanisme : elle ne nous présente que rarement l'objet isolé, mais bien plutôt en compagnie de quelqu'un qui le possède, et qui, visiblement, s'en trouve très satisfait...

Et à bien y regarder, beaucoup de nos envies – parfois franchement incompréhensibles – s'expliqueront par une structure mimétique. Aurait-on, par exemple, le désir de courir un marathon ou bien de gravir une montagne, si nous étions seuls sur notre île ? C'est peu probable...

LA STRUCTURE TRIANGULAIRE *du désir*

À chaque fois, donc, le mécanisme est le même : autrui s'intercale entre l'objet du désir et moi-même.

C'est pourquoi Girard affirme que tout désir est triangulaire.

Avec ce schéma, nous voyons bien que le désir n'est jamais spontané ; encore une fois, ce sont toujours une ou plusieurs personnes qui nous mettent en mouvement.

Soit. Mais *quid* des relations amoureuses : la structure triangulaire fonctionne-t-elle aussi dans ce cas ? Qu'en est-il de cette relation si singulière, si forte ? Vous fera-t-on croire que le désir amoureux est mimétique ? Vous n'aviez pas encore envisagé la question du ménage à trois, et pourtant, là encore, l'Autre n'est jamais loin.

Voyez par exemple ce qu'en dit Proust, cité par Girard :

> « » Il nous arriverait, si nous savions mieux analyser nos amours, de voir que souvent les femmes ne nous plaisent qu'à cause du contrepoids d'hommes à qui nous avons à les disputer, bien que nous souffrions jusqu'à mourir d'avoir à les leur disputer ; ce contrepoids supprimé, le charme de la femme tombe. On en a un exemple dans l'homme qui, sentant s'affaiblir son goût pour la femme qu'il aime, applique spontanément les règles qu'il a dégagées, et pour être sûr qu'il ne cesse pas d'aimer la femme, la met dans un milieu dangereux où il lui faut la protéger chaque jour.

La rivalité mimétique n'est donc pas pour rien dans l'amour que nous portons à quelqu'un. Tous les jaloux comprendront bien...

ET NOTRE PERSONNALITÉ *dans tout ça ?*

Simple, mais quand même un peu inquiétant. Car si le désir fonctionne bien ainsi, si le désir est vraiment de nature *mimétique*, nous voilà dépossédés d'une chose à laquelle il nous arrive de tenir : notre personnalité.

En effet, c'est bien souvent à travers l'expression de nos choix, de la mise en valeur de nos goûts, que nous entendons nous démarquer des autres. Mais si nos préférences étaient essentiellement mimétiques, nous ne ferions jamais que nous démarquer de certaines personnes en en imitant d'autres ; la distinction serait donc à demi manquée et l'accusation de bovarysme, selon la définition qu'en donne le critique Jules Gauthier, n'est pas loin :

> « » Une même ignorance, une même inconsistance, une même absence de réaction individuelle semblent les [les personnages des romans de Flaubert] destiner à obéir à la suggestion du milieu extérieur à défaut d'une autosuggestion venue du dedans.

Mais alors, de quoi manquons-nous vraiment, qui nous pousse à imiter le désir d'autrui ?

LE DÉSIR DU DÉSIR *de l'autre*

Rappelez-vous l'effet qu'eut sur vous, dès votre arrivée dans le temple de la mode, la drôle de créature. Vous étiez, à n'en pas douter, admiratif.

Rappelez-vous aussi le cas du petit Proust :

> «» Marcel sait que Bergotte admire la grande actrice. Bergotte jouit, auprès de lui, d'un immense prestige. La moindre parole du maître acquiert à ses yeux force de loi.

En une formule saisissante, Girard résume alors : « L'élan vers l'objet est au fond élan vers le médiateur. »

Et il ne faut pas chercher très loin pour comprendre que cet *élan vers le médiateur* équivaut au désir de lui ressembler. Pourquoi ? La réponse ne fait aucun doute : parce que celui-ci possède, aux yeux du sujet désirant, une certaine valeur.

Autrement dit : le médiateur auquel nous voulons ressembler est un être que nous savons désiré par les autres.

Voilà la clé du problème : ce qui motive tout désir, c'est le fait de vouloir obtenir soi-même de la valeur. En d'autres termes, tout désir est d'abord *désir du désir des autres* ; tout désir, quel que soit l'objet qu'il focalise, est d'abord *désir de reconnaissance* : nous voulons ressembler aux médiateurs pour obtenir la même reconnaissance qu'eux... de la part des autres !

D'où le principe de l'égérie dans la publicité : si vous avez le même parfum que Julia Roberts ou que Jude Law, vous serez un peu comme Julia Roberts ou Jude Law.

Mais, au fond, le fait de désirer leur ressembler n'est pas une fin en soi : c'est d'abord dans l'optique d'obtenir la même reconnaissance qu'eux que vous vous mettez en mouvement.

UN BESOIN DE RECONNAISSANCE *bien naturel*

En désirant être désiré à son tour, le sujet humain ne désire donc jamais que d'autres sujets. Mais en se focalisant en fait sur des objets, tout en se masquant le médiateur à lui-même, il ne s'en rend pas toujours compte, surtout en période de soldes.

La conscience humaine est ainsi faite, qu'elle a besoin de la reconnaissance de l'Autre pour s'attribuer à elle-même de la valeur. Avant que d'être un loup pour l'homme, l'homme est donc d'abord « un dieu pour l'homme ».

Voyez donc ce qu'en dit Pascal, un autre philosophe, dans ses *Pensées* :

> « » Grandeur de l'homme. – Nous avons une si grande idée de l'âme de l'homme, que nous ne pouvons souffrir d'en être méprisés, et de n'être pas dans l'estime d'une âme ; et toute la félicité des hommes consiste dans cette estime.

Ou encore plus loin :

> « » La plus grande bassesse de l'homme est la recherche de la gloire, mais c'est cela même qui est la plus grande marque de son excellence ; car, quelque possession qu'il ait sur la terre, quelque santé et commodité essentielle qu'il ait, il n'est pas satisfait s'il n'est dans l'estime des hommes. Il estime si grande la raison de l'homme que, quelque avantage qu'il ait sur la terre, s'il n'est placé avantageusement aussi dans la raison de l'homme, il n'est pas content.

Thomas Hobbes et Spinoza

Dans son œuvre *Le Léviathan* (1651), le philosophe anglais Thomas Hobbes reprend au poète de l'Antiquité Plaute l'idée selon laquelle l'homme serait « un loup pour l'homme », pour caractériser l'état de guerre dans lequel se trouvent les hommes sans institution étatique.

On peut donc lui opposer la formule de Spinoza qui, dans l'*Éthique* (1677), écrit que l'homme « est un dieu pour l'homme », dès lors qu'il vit sous la conduite de la raison.

Regardez bien : nous passons notre temps à montrer notre valeur aux autres. Ne serait-ce qu'à table, quand vous mourez de faim, et que le repas est servi. En vous, la nature gronde : « Mange ! » Or, que faites-vous à ce moment-là ? Vous montrez aux autres que vous n'êtes pas soumis à vos instincts, à vos inclinations, mais que vous êtes capables de contrôler, à travers cette petite formule : « Servez-vous d'abord ! »

Vous n'êtes pas un animal, vous avez la capacité de domestiquer vos pulsions ; bref, vous êtes libres, et vous attendez des autres qu'ils le *reconnaissent*.

MAIS ATTENTION, *la haine vous guette…*

Reste que ce besoin de reconnaissance et cette tendance à imiter ne sont pas toujours avouables pour nous, modernes et romantiques, qui avons tendance à croire en notre spontanéité. Bien plus, il pourrait fort bien arriver que le médiateur, s'il est trop proche (Girard parle alors de *médiateur interne*), en vienne à être celui qui, à la fois, nous suggère un désir et nous empêche de le satisfaire... car l'objet du désir est parfois unique ! Voilà ce qui constituera le véritable ressort de la haine selon Girard :

> « » Seul l'être qui nous empêche de satisfaire un désir qu'il nous a lui-même suggéré est vraiment objet de haine. Celui qui hait se hait d'abord lui-même en raison de l'admiration secrète que recèle sa haine. Afin de cacher aux autres, et se cacher à lui-même, cette admiration éperdue, il ne veut plus voir qu'un obstacle dans son médiateur. Le rôle secondaire de ce médiateur passe donc au premier plan et dissimule le rôle primordial de modèle religieusement imité.

Rivalité mimétique !

Chapitre 3
Chute

Pourquoi rit-on d'un homme qui tombe (même dans un enterrement) ?

« Le rire est du mécanique plaqué sur du vivant. » Bergson

Vous voilà rendu à l'enterrement d'un parent pas si éloigné. Quoique vous ne l'ayez pas beaucoup fréquenté, vous gardez le souvenir d'un personnage haut en couleur, toujours capable malgré son très grand âge, qui vous distrayait à Noël par d'inimitables mimiques. À coup sûr, il vous manquera, mais aujourd'hui, vous éprouvez une forme de quiétude en compagnie de tous ses proches, dont la tristesse bien naturelle est apaisée par les doux rayons du soleil qui parsèment le champ du repos.

N'empêche, vous commencez à avoir froid et vous vous demandez comment on peut être à la fois prêtre et en retard. D'ailleurs, tout le monde semble fatigué, et vous êtes choqué par l'attitude de mamie Arlette qui, en plus d'envoyer balader la mort à raison de trois cours de gym par semaine, s'est carrément assise sur le recoin d'une tombelle.

Quelque trente-cinq minutes après votre arrivée toutefois, le clerc fait son apparition. Au fond de l'allée, vous apercevez l'homme en blanc qui gesticule, visiblement agacé par un stagiaire à l'air penaud ; celui-ci n'est sans doute pas pour rien dans le délai qu'on vous impose.

Apercevant la foule qui l'attend au loin, l'abbé se résout alors à presser le pas, au grand dam de l'auxiliaire. Sur le chemin caillouteux, c'est un véritable cent mètres qui s'amorce et vous vous surprenez à constater que la soutane, bien loin d'encombrer la foulée, paraît plutôt en déployer la grâce.

Soit, mais « quelque douce que soit notre illusion, n'allons pas croire qu'elle puisse être durable », écrivait Laclos.

Au seuil de la fosse en effet, l'élan divin est stoppé net. En moins de cinq secondes, l'inimaginable se produit : l'homme à la foulée pourtant si assurée s'emmêle les pinceaux, trébuche, vacille, et parvient à se raccrocher *in extremis* à la croix d'un sépulcre. Mais c'était sans compter le suivant qui, emporté par la grâce, arrive à pleine vitesse pour le culbuter. Le catéchumène, qui n'anticipe pas un tel choc, se retrouve alors propulsé cependant que la main céleste, jusque-là si ferme, cède à la terrible pression : la croix se déracine, faisant se renverser les deux compères l'un sur l'autre, tête-bêche sur le saint des saints.

« Tonnerre de Dieu ! Gourdiflot ! » s'écrie mamie Arlette.

Un silence s'installe… Autour de vous, tout le monde fait les yeux ronds. Quel spectacle !

C'est là que l'irrépressible envie de rire vous envahit. Ayant bien conscience que ce n'est vraiment pas le moment, vous faites tout ce qui est en votre possible pour vous contrôler. Mais cela devient franchement impossible lorsque vous croisez le regard complice de votre cousin…

À peine le prêtre s'est-il remis sur ses pattes que le fou rire explose ! Il est impossible de vous retenir, la crise se généralise, mamie Arlette est à la renverse.

Comment ? Vous riez ? Et qui plus est à un enterrement ?!

Ne vous en cachez pas. De toute évidence, le fait de rire d'un individu qui tombe est bien naturel, et ce à tel point qu'Henri Bergson, lorsqu'il décide d'étudier les ressorts du rire dans un petit livre, part de l'exemple d'une chute pour lancer son analyse.

Seulement, sommes-nous de cyniques personnages – qui rions gratuitement – ou bien le rire remplit-il une fonction cachée ? Notre philosophe a la réponse.

LE RIRE est le propre de l'homme

Commençons d'abord par noter, avec notre auteur, que le « rire est le propre de l'homme ». Certes, l'homme ne fait heureusement pas que cela, puisqu'il parle, raisonne (animal raisonnable), tricote (*homo faber*), proteste dans des manifestations (animal politique), etc. Mais Bergson attire notre attention sur un fait remarquable : « Il n'y a pas de comique en dehors de ce qui est proprement humain. »

Rabelais, l'homme est un animal qui rit

Bergson s'inscrit ici dans la continuité de Rabelais, qui écrivait, dans l'avis aux lecteurs ouvrant *Gargantua* (1534) : « Mieux est de ris que de larmes écrire – Pour ce que rire est de propre de l'homme. »

Pas de comique en dehors de l'humain ? Et qu'en est-il de tous les chats sur YouTube, qui se donnent tant de mal pour nous amuser ?

Quoiqu'il n'ait pas connu Internet puisque son analyse sur le rire date de 1900, le philosophe donne une réponse qui vaut pourtant encore aujourd'hui : « On rira d'un animal mais parce qu'on aura surpris chez lui une attitude d'homme ou une expression humaine. »

Voilà qui semble bien vrai : si nous rions de certains animaux aux postures rocambolesques, c'est aussi que nous passons notre temps à leur prêter, à tort ou à raison, des intentions, désirs, souhaits ou émotions très similaires aux nôtres ; c'est donc bien parce que nous regardons nos amies les bêtes comme nous nous regardons nous-mêmes qu'elles nous font rire.

Nous ririons donc de ce qui, directement ou indirectement, a rapport à ce qu'il y a d'essentiellement humain dans l'homme...

LA CHUTE EST *essentiellement involontaire...*

Mais quoi, précisément ?

Revenons à l'exemple de notre malheureux prêtre, et commençons par remarquer que l'acte de se retrouver par terre, en d'autres circonstances, ne nous amuserait pas nécessairement :

> « » On ne rirait pas de lui [de l'homme qui trébuche], je pense, si l'on pouvait supposer que la fantaisie lui est venue tout à coup de s'asseoir par terre.

C'est vrai, et il n'est qu'à songer à cette terrible farce, franchement dangereuse, qui consiste à retirer de sous l'individu la chaise sur laquelle il comptait s'asseoir ! Cet exemple (à ne pas reproduire chez soi) montre là encore quelque chose d'intéressant : ce n'est pas le fait en lui-même, pris objectivement, qui nous amuse – en effet, le fait de s'asseoir par terre, dans un sit-in, par exemple, peut ne pas nous faire rire du tout – mais :

> « » On rit de ce qu'il s'est assis involontairement. Ce n'est donc pas son changement brusque d'attitude qui fait rire, c'est ce qu'il y a d'involontaire dans le changement, c'est la maladresse.

Nous rions donc d'un mouvement accompli dans des circonstances qui, normalement, auraient exigé de notre part de choisir un autre comportement, plus adapté. Ainsi, pour l'exemple de la chute :

> « » Une pierre était peut-être sur le chemin. Il aurait fallu changer d'allure ou tourner l'obstacle.

LE RIRE, *une affaire de souplesse*

C'est donc que le rire, selon Bergson, a d'abord rapport *à la souplesse de celui dont on rit.*

Rassurez-vous, il ne s'agit pas ici que de gymnastique, et vous ne serez *normalement* pas sujet aux sarcasmes de votre entourage si vous ne réussissez pas le grand écart. Par souplesse, Bergson entend la capacité d'un individu à s'adapter à la situation : « Il aurait fallu changer d'allure ou tourner l'obstacle. »

Citons un autre exemple utilisé par Bergson – tout aussi révélateur que le premier – qui illustre le « manque de souplesse » :

> Voici maintenant une personne qui vaque à ses petites occupations avec une régularité mathématique. Seulement, les objets qui l'entourent ont été truqués par un mauvais plaisant. Elle trempe sa plume dans l'encrier et en retire de la boue, croit s'asseoir sur une chaise solide et s'étend sur le parquet, enfin agit à contresens ou fonctionne à vide, toujours par un effet de vitesse acquise.

Nous visualisons bien la situation… celle d'un individu qui continue d'agir dans un contexte entièrement fait, en réalité, pour l'en empêcher ! Quel rapport avec la chute ? C'est que, là encore, l'individu aurait dû *s'adapter à la situation* (en arrêtant ses mouvements ou en les infléchissant) :

> La victime d'une farce d'atelier est donc dans une situation analogue à celle du coureur qui tombe. Elle est comique pour la même raison.

Autrement dit, c'est toujours la *raideur* du comportement envisagé qui nous fait rire :

> Ce qu'il y a de risible dans un cas comme dans l'autre, c'est une certaine raideur mécanique là où l'on voudrait trouver la souplesse attentive et la vivante flexibilité d'une personne.

Mais qu'est-ce à dire, sinon que nous rions en réalité... d'une défaite ?

NOUS RIONS QUAND LA DIGNITÉ HUMAINE *est en question*

Le ressort du comique réside en effet dans l'échec d'une *prétention*. Laquelle ? Celle qui renvoie à l'image que nous nous faisons de la dignité humaine qui désigne la capacité que nous avons tous d'être alertes – souples ! – dans toutes les situations où nous nous trouvons.

C'est donc que la dignité humaine résiderait dans la souplesse que nous venons de décrire ?

Oui, et pour le comprendre, il convient de souligner que l'homme, selon Bergson – qui s'inscrit par là dans la continuité de la dualité conceptuelle inaugurée par la modernité –, est un *être composé de deux dimensions*, aux propriétés opposées : la matière et l'esprit.

Or, et c'est là tout ce qui nous intéresse, le rire apparaîtra justement quand l'équilibre habituel entre ceux-ci (le corps et l'âme) sera rompu, causant ainsi la raideur en question...

LE CORPS, L'ESPRIT, LA GRÂCE... *ou pas !*

Soit, mais le corps et l'esprit, c'est quoi au juste ? Selon Bergson :

1. Le corps : c'est par lui que l'homme est d'abord un *mécanisme*, puisque ce dernier – et ici Bergson s'inscrit dans la lignée de Descartes – peut être assimilé à une machine. Or, qu'est-ce qui caractérise le mouvement d'une machine ? Très précisément une forme de raideur, ainsi qu'un rythme aveugle et répétitif. Songez à n'importe quel appareil électroménager qui dysfonctionne, et qui nous mène la vie dure. Une machine n'est pas alerte, elle n'est pas en éveil...

2. L'esprit : c'est par là que l'homme n'est pas un simple robot ! Par son esprit, que Bergson envisage comme un principe supérieur au corps, l'homme est tout l'inverse d'une machine, puisqu'il est *libre*, non soumis aux mécanismes aveugles et répétitifs d'un appareil électroménager, par exemple...

Descartes, le corps et l'esprit

Descartes opérait une distinction nette entre le corps et l'esprit chez l'homme, qu'il concevait donc comme un être composé de deux substances (on parle de *dualisme* cartésien) :

1. La substance matérielle, c'est-à-dire le corps, dont le fonctionnement était semblable à une machine.
2. La substance immatérielle, l'esprit, qui, quoiqu'unit au corps, se caractérise par une essentielle liberté.

Maintenant, quel sera le rapport ordinaire du corps et de l'esprit ?

Pour notre plus grand bonheur, les deux s'harmonisent plutôt bien en temps normal, car le supérieur domine l'inférieur : le corps obéit à l'esprit, qui vient l'habiter en retour. Et c'est typiquement ce dont témoignent nos mouvements quotidiens qui, s'ils devaient être ceux d'une simple machine, nous rendraient la vie impossible ! Mais remarquez que, pour l'essentiel, ces derniers sont *gracieux*, puisqu'ils manifestent la souplesse nécessaire qui nous permet de nous adapter à toutes les situations (je vois un obstacle, je l'évite !).

Ainsi, en temps normal, la *grâce* de nos comportements fait que toute la lourdeur, la raideur mécanique du corps machine paraît s'annuler devant la souplesse et la légèreté du corps… vivant !

Le cas de la danse

Cette harmonie se manifeste particulièrement bien dans la danse, où toute la lourdeur du corps-mécanique paraît s'annuler !

LE RIRE, DU MÉCANIQUE *plaqué sur du vivant*

Oui mais voilà. Il arrive – songez à notre malheureux prêtre, où à vous-mêmes, apprentis danseurs du samedi soir – que la mécanique s'enraille, et que, comme l'écrit Bergson, « la matière résiste et s'obstine ». Ici, le rapport habituel entre le corps et l'esprit se détraque et s'appesantit… au profit du premier (le corps) ! Comme si la matière voulait « convertir à sa propre inertie et faire dégénérer en automatisme l'activité toujours en éveil de ce principe supérieur », c'est-à-dire l'esprit !

Et tel sera bien le ressort du comique selon l'auteur :

> Là où la matière réussit ainsi à épaissir extérieurement la vie de l'âme, à en figer le mouvement, à en contrarier enfin la grâce, elle obtient du corps un effet comique.

Ainsi, le ressort du comique apparaîtra-t-il quand l'automate, l'homme-machine, prendra le pas sur la personne vivante !

Nous en venons à la thèse essentielle de Bergson : « Le rire est du mécanique plaqué sur du vivant. »

Autrement dit, le rire apparaîtra quand une attitude trop raide aura lieu là où une souplesse était requise. C'est bien le cas de notre prêtre qui, parce qu'il est homme avant tout, *aurait dû* disposer de l'élasticité nécessaire pour s'adapter à la situation (contourner l'obstacle, ne pas se prendre les pieds dans sa soutane…). Mais ce dernier s'est bien plutôt comporté comme une machine, aveugle aux circonstances…

Soit, nous avons trouvé là la cause du rire. Mais cette cause ne nous en donne pas la raison ! Car une question fondamentale demeure : pourquoi cette mécanisation du vivant appelle-t-elle une telle réaction de notre part… ?

LA FONCTION SOCIALE *du rire*

Du constat de ce que nous rions du « mécanique plaqué sur du vivant », à la mise en perspective de la fonction du rire, il n'y a qu'un pas. Selon Bergson, « le rire a d'abord une fonction sociale » : il s'agit d'une forme de ruse de la nature qui permet à la société des hommes d'exister comme elle le doit, en exigeant de chacun de ses membres qu'ils soient constamment en éveil :

> Ce que la vie et la société exigent de chacun de nous, c'est une attention constamment en éveil, qui discerne les contours de la situation présente, c'est aussi une certaine élasticité du corps et de l'esprit, qui nous mettent à même de nous y adapter.

C'est donc qu'en présence d'un comportement trop mécanique, et qui manifeste par là une trop forte raideur, la société s'inquiète. Et comment répondra-t-elle à cette inquiétude ? Par le rire, que l'on pourra alors définir avec Bergson comme une forme de sanction :

> Par la crainte qu'il inspire, il réprime les excentricités, tient constamment en éveil et en contact réciproque certaines activités d'ordre accessoire qui risqueraient de s'isoler et de s'endormir, assouplit enfin tout ce qui peut rester de raideur mécanique à la surface du corps social.

Par la peur qu'il suscite, le rire est donc ce qui nous maintient en éveil, permettant par là à la société de se maintenir en vie ! Le rire serait ainsi une forme de punition de la société envers celui qui, par une attitude trop raide, contribuerait à la *réification de l'esprit*, c'est-à-dire à sa mort… Le rire est ainsi le moyen d'obtenir des hommes les conduites souhaitables !

« *Castigare ridendo mores* », écrivait Molière (« Châtier les mœurs en riant »).

La réification de l'esprit

La réification désigne l'idée selon laquelle une chose abstraite devient concrète. L'esprit réifié, ici, est l'esprit qui prend la tournure du mécanisme corporel !

Mais allons plus loin encore, et tâchons de mettre à l'épreuve cette thèse de la mécanisation du vivant en envisageant le cas d'un individu qui n'est pas *accidentellement* comique (ce serait le cas de celui qui chute, qui ne nous fait rire qu'au moment de la chute), mais qui l'est essentiellement, au sens où sa personnalité même est comique.

LE CAS *du distrait*

Nous connaissons tous, dans notre entourage, un Pierre Richard en puissance. Celui que l'on serait à peine surpris de voir débarquer au bureau encore drapé de son pyjama, et qui nous demande où se trouvent les lunettes qu'il a sur le nez. Étourdies, dispersées à l'envi, nombreuses sont en effet les personnes qui, parce qu'elles sont toujours à ce qu'elles viennent de faire, et jamais à ce qu'elles font, sont irrésistiblement comiques... bien malgré elles !

Songez, par exemple, à la description que donne La Bruyère du distrait Ménalque dans *Les Caractères* :

> « » Ménalque descend son escalier, ouvre sa porte pour sortir, il la referme : il s'aperçoit qu'il est en bonnet de nuit ; et venant à mieux s'examiner, il se trouve rasé à moitié, il voit que son épée est mise du côté droit, que ses bas sont rabattus sur ses talons, et que sa chemise est par-dessus ses chausses.

Cela vous rappelle-t-il quelqu'un ?

> « » Il cherche, il brouille, il crie, il s'échauffe, il appelle ses valets l'un après l'autre : on lui perd tout, on lui égare tout ; il demande ses gants, qu'il a dans ses mains,

> semblable à cette femme qui prenait le temps de demander son masque lorsqu'elle l'avait sur son visage. Il entre à l'appartement, et passe sous un lustre où sa perruque s'accroche et demeure suspendue.

Quoi de plus drôles que ces comportements toujours en décalage au regard de la situation ? Mais pourquoi ?

Nous dirons volontiers que ce type de personnage se caractérise par son *absence*. Or, qu'est-ce à dire, sinon que, là encore, ce dernier exprime le ressort du comique que nous venons d'établir ? Le distrait est irrésistiblement drôle parce qu'il ne se modèle jamais à la situation présente, tout adapté qu'il est, en fait, à une situation passée et imaginaire. Contrairement à notre situation de départ, la *raideur mécanique* n'a plus besoin, pour se révéler, « d'un obstacle placé devant elle par le hasard des circonstances ou par la malice de l'homme ». Ici, le comportement de l'individu sera essentiellement comique.

Mais il y a plus. En effet, la mécanisation du vivant peut revêtir encore d'autres formes, et ce au point que, parfois, ce n'est pas le comportement d'un individu isolé qui est potentiellement comique, mais celui d'une société entière !

RIRE *à un enterrement*

Considéré en lui-même, le contexte de notre situation de départ, un enterrement, ne comporte franchement rien d'amusant, bien au contraire. Pourtant, n'avez-vous jamais entendu parler des fous-rires qui s'y déclenchent ? Plus généralement, l'expérience suggère que bien des cérémonies (remise de diplômes, mariages, locutions...) peuvent être propices à déclencher le rire, malgré tout le sérieux qu'elles semblent requérir...

Or, si le ressort du comique réside dans « du mécanique plaqué sur du vivant », il n'y a là rien que de compréhensible ! Il suffit de comprendre qu'une cérémonie est comme un vêtement appliqué à la société...

LE COMIQUE *du déguisement*

Pour Bergson en effet, l'image du mécanique et du vivant insérés l'un dans l'autre renvoie plus généralement à celle d'une raideur quelconque appliquée à la mobilité de la vie. C'est pourquoi, remarque-t-il, il est si facile à un vêtement de devenir ridicule : « la rigidité inerte de l'enveloppe » (le vêtement) s'oppose à « la souplesse vivante de l'objet enveloppé ».

Imaginez, situation cauchemardesque, que vous arriviez déguisé à la mode XVIIIe siècle à une soirée où personne ne l'est. Tout le monde rira, n'est-ce pas ? Mais pourtant, votre déguisement n'en était pas un à une époque et ne faisait alors rire personne... C'est que notre œil s'y était habitué, remarque Bergson, là où ce n'est plus le cas aujourd'hui. Mais n'empêche, parce que l'enveloppe du vêtement tranche avec la souplesse du corps vivant, « la mode est toujours risible par quelque côté »...

Si un homme qui se déguise est comique, alors par extension tout déguisement va devenir comique, non pas seulement celui de l'homme, mais celui de la société également ! Et c'est exactement ce qui se passe lors d'une cérémonie, que Bergson définit dans les termes d'une mascarade sociale :

« » Or cette idée (celle d'une mascarade sociale) se forme dès que nous apercevons de l'inerte, du tout fait, du confectionné enfin, à la surface de la société vivante. C'est de la raideur encore, et qui jure avec la souplesse intérieure de la vie. Le côté cérémonieux de la vie sociale devra donc renfermer un comique latent, lequel n'attendra qu'une occasion pour éclater au grand jour.

En somme, les cérémonies sont donc au corps social ce que le vêtement est au corps individuel. Et si ces dernières sont si propices à déclencher le rire, c'est qu'il suffira précisément de concentrer son attention sur ce que ces cérémonies ont de cérémonieux, c'est-à-dire de bien souvent compassé, figé, etc. Bref, de mécanique !

Dans la mesure où toute cérémonie renvoie là aussi à un élément mécanique associé à un objet vivant, on comprend que l'envie de rire nous prenne... même lors d'un enterrement !

Mais est-ce à dire, cependant, que nous pouvons rire de tout ?

MAIS PEUT-ON *rire de tout ?*

On voit venir le fâcheux argument : si le rire a une fonction sociale et qu'il exprime la liberté de l'esprit, alors il semble incohérent de vouloir lui imposer des limites, en supposant que l'on ne puisse pas rire de tout. Toutefois, convenons qu'il peut exister différentes façons de rire, et que les motifs de celui-ci ne sont pas toujours innocents. Peut-on rire pour de mauvaises raisons ?

D'abord, remarquons avec Bergson que le rire a pour condition une certaine forme d'insensibilité :

> Le comique naîtra quand les hommes réunis en groupe dirigeront leur attention sur l'un d'entre eux en faisant taire leur sensibilité et en exerçant leur seule intelligence.

Certes, nous pouvons rire d'une personne qui nous inspire de la pitié (ainsi en va-t-il, au fond, de notre ami qui chute !), mais durant les quelques instants que durera le rire, il faudra faire taire cette affection !

Autrement dit, les âmes insensibles trouvent plus à rire que les êtres émotifs. Le rire, expression d'une âme froide ? Très certainement, pour Bergson, le temps du rire en tout cas.

Mais allons plus loin, et faisons une distinction capitale : nous savons qu'il nous est tous arrivé de rire pour de mauvaises raisons ou d'avoir subi un rire qui nous a profondément blessé... C'est qu'il ne faudrait donc pas confondre le rire, avec son homologue mal intentionné, *la moquerie*.

Suivons le philosophe Spinoza sur ce point :

> Entre la moquerie et le rire, je fais une grande différence. Car le rire, comme aussi la plaisanterie est une pure joie ; et par conséquent, pourvu qu'il ne soit pas excessif, il est bon par lui-même. Et ce n'est certes qu'une sauvage et triste superstition qui interdit de prendre du plaisir. Car, en quoi conviendrait-il mieux d'apaiser la faim et la soif que de chasser la mélancolie ?

Ainsi Spinoza distingue-t-il le rire, pure joie, de la moquerie, qui exprime la méchanceté, et tous les autres affects se rapportant à la haine... Dès que la volonté d'humilier l'autre est présente, le rire devient moralement douteux !

Chapitre 4
Macaque crabier

Pourquoi s'évanouit-on devant une bête féroce ?

« L'émotion est une conduite magique. » Sartre

Dans la vie, il faut faire des concessions, et puisque votre filleule vous bassine depuis six mois avec les bébés girafes, vous acceptez ce week-end d'aller visiter nos amies les bêtes.

Enfin, nos amies... ses amies à elle, oui, mais certainement pas les vôtres. Car, au fond, vous ne comprenez franchement pas ce que tout le monde leur trouve, aux animaux, et pour réussir à vous balader dans ce foutoir malodorant, il aura fallu bien insister.

Début du parcours au zoo. Autour de vous, ça grogne, ça craquette, ça glougloute, ça béguète ; vous progressez tant bien que mal dans cet univers insolite et finissez devant une drôle de bicoque.

Examen des locataires : ici vivent les macaques crabiers. Qui sont-ils ? Des « singes despotiques, exerçant une stricte hiérarchie de dominance », lisez-vous. Ça vous agace pas mal.

Mais voici que l'un des quadrumanes s'approche, visiblement intrigué par vos Stan Smith. Vous êtes piqué :

« Non mais pour qui se prend-il, celui-là ? Se connaît-on ? Tu fais du 42, peut-être ? »

Toutefois, l'animal continue de vous fixer, impassible. Vous vous emportez pour de bon :

« Je suis un dur, mon vieux, et ce n'est pas ta face de pioche qui va m'impressionner ! T'es tombé sur un os. Tiens, et voilà que je te tire la langue ! »

Autour de vous, tout le monde s'étonne de vous voir sautiller sur place en singeant de vous gratter les aisselles !

Après quelques minutes, cependant, vous décidez, un peu las, mais pas peu fier d'avoir ainsi su manifester votre supériorité, d'aller vous rafraîchir aux toilettes ; face au lavabo, vous vous remémorez votre prestation, sourire aux lèvres.

C'est là qu'un bruit vous intrigue. N'osant pas vous retourner, vous jetez un œil au miroir pour voir si vous êtes bien seul, et vous constatez que, derrière vous, deux petits yeux rouges vous fixent dans la pénombre. Pris de panique, vous virevoltez.... le macaque vous a suivi ! Fichtre, c'est vrai qu'ils vont comme ils veulent ici !

À coup sûr, la chose veut en découdre. Pris de panique, vous tâchez de reculer, mais vous buttez contre le lavabo. La bête, qui semble franchement agressive, s'avance lentement, sûrement, vers vous... Vous commencez à délirer : est-elle armée ? Vous fouillez dans vos poches mais, évidemment, votre taser anti-macaque est resté à la maison !

Votre cœur se met à palpiter. Vous regardez à gauche, puis à droite. Aucune issue.

Soudain, votre adversaire s'arrête, se dresse et se met à gesticuler devant vous, à pousser des cris et, comble de l'horreur, à vous tirer la langue ! Vous hurlez, criez à l'aide ! Mais il n'y a aucune issue, vous êtes fait comme un rat...

Quelques minutes plus tard, vous ouvrez les yeux pour vous découvrir allongé, entouré d'inconnus au regard inquiet.

Quoi, me serais-je évanoui ? On vous apprend que oui, et qu'en plus, le singe vous a tiré vos baskets.

L'ÉMOTION *est une conduite...*

Pourquoi s'évanouit-on devant une bête... en fait pas si féroce ? Voilà qui intéresse beaucoup Jean-Paul Sartre, comme l'ensemble de nos émotions (joie, tristesse, crise de larmes...) auxquelles il décide de consacrer un petit ouvrage en 1939, *Esquisse d'une théorie des émotions*.

Qu'en est-il de toutes ces réactions affectives subites, que nous connaissons tous, et qu'il nous est souvent si difficile de contenir ? Comment expliquerons-nous cette cohorte de désordres organiques (tremblements, pâleur, rougeur, cris, larmes, etc.) ?

S'agit-il, comme on aime souvent à le penser, d'une simple perte de contrôle ?

Pour Sartre, certainement pas. Il affirme au contraire qu'« on ne peut comprendre l'émotion qui si on y cherche une signification ». Autrement dit, l'émotion, plutôt qu'une désorganisation, doit bien au contraire être comprise comme une *conduite d'adaptation.*

Une conduite d'adaptation ? À la bonne heure ! On n'a pas l'impression que notre personnage se soit adapté à quoi que ce soit ! Et pourtant...

...QUI NOUS PERMET DE NOUS ADAPTER *à des situations de stress*

Revenons-y justement. Dans quelles circonstances l'évanouissement a-t-il eu lieu ? Dans une situation de stress, dirons-nous. Mais que veut-on précisément dire par là ?

De toute évidence, le belliqueux macaque voulait prendre sa revanche ; on l'a noté, c'est un face à face sous forme de duel qui s'est engagé. Quelle aurait été la meilleure issue ? On peut en fait en énumérer deux :

- soit, première option, prendre la fuite ;
- soit, deuxième option, engager le combat, et de préférence armé (car ce n'est pas avec vos deux séances de crossfit par semaine que vous auriez pris le dessus !).

Or, on notera que ces deux options sont ici inenvisageables : aucune issue n'est possible, et vous êtes à mains nues.

Autrement dit, et c'est là un point capital pour Sartre, il est impossible d'agir techniquement, c'est-à-dire de trouver un moyen *réel* de sortir de la situation.

Il y a donc situation de stress, comme le note Sartre, « lorsque les chemins tracés deviennent trop difficiles, ou lorsque nous ne voyons pas de chemin ». Quelle en sera la conséquence ?

L'ÉMOTION, UNE TRANSFORMATION *magique du monde*

Si on ne peut agir techniquement sur le monde, mais qu'il faut cependant trouver une issue, il ne reste alors plus qu'une solution possible, que Sartre définit très clairement :

> « » Toutes les voies sont barrées, il faut pourtant agir. Alors nous essayons de changer le monde, c'est-à-dire de le vivre comme si le rapport des choses à leurs potentialités n'était pas réglé par des processus déterministes, mais par la magie.

Éclaircissons d'abord cette histoire de « rapport des choses à leurs potentialités ». Il nous faut bien, dans la situation de stress que nous venons de décrire, nous tirer d'affaire. Mais d'ordinaire, le monde se présente à nous comme permettant certaines conduites, dont nous anticipons le cours, et qui se déroulent toujours conformément à ce que nous avions prévu ; le monde se présente à nous comme fourmillant de possibilités (c'est cela, le « rapport des choses à leurs potentialités »), de chemins tracés à l'avance, et qu'il ne nous reste plus qu'à les emprunter.

Mais voilà qu'ici, tout se passe comme si les voies ordinaires avaient soudainement… disparu ! Comme si plus aucune action sur le monde n'était désormais envisageable ; en effet, puisque face à l'ennemi velu et déterminé, aucune issue n'est possible : « Toutes les voies sont barrées. » Mais pourtant, il faut agir !

Reste donc à trouver comment faire si nous devons agir, quoique le monde tel qu'il se présente à nous n'offre aucune issue. Il ne restera alors plus qu'une solution :

« Alors nous essayons de changer le monde. » Changer le monde ? Mais nous venons de voir que c'est impossible, puisque je n'ai aucun moyen d'action ! Notre philosophe le voit bien, car il précise « mais par la magie ».

Par la magie… autrement dit, en trichant, en simulant quelque chose ? Tout à fait, et telle sera bien la fonction de l'émotion : l'émotion sera une transformation du monde, c'est-à-dire une façon de conférer à celui-ci les propriétés qui nous arrangent, mais de façon *magique*, c'est-à-dire non réelle…

RETOUR SUR *le thème de l'évanouissement*

En quoi le fait de s'évanouir consiste-il à conférer magiquement aux mondes les propriétés qui nous arrangent ? Sartre a la réponse, et il analyse l'évanouissement comme une « conduite d'évasion » :

> Soit par exemple la peur passive. Je vois venir vers moi une bête féroce, mes jambes se dérobent sous moi, mon cœur bat plus faiblement, je pâlis, je tombe et je m'évanouis. Rien ne semble moins adapté que cette conduite qui me livre sans défense au danger.

> Et pourtant c'est une conduite d'évasion [...] faute de pouvoir éviter le danger par les voies normales et les enchaînements déterministes, je l'ai nié. J'ai voulu l'anéantir. L'urgence du danger a servi de motif pour une intention annihilante qui a commandé une conduite magique. Et par le fait, je l'ai anéanti autant qu'il était en mon pouvoir.

Le texte est limpide : en m'évanouissant, j'ai conféré au monde la seule propriété susceptible de me tirer d'affaire : celle de ne plus exister ! En m'évanouissant, j'ai tout simplement annulé une situation dont je ne pouvais sortir ! Mais attention, je n'ai pas réellement annulé le monde, qui continue évidemment d'exister ; je l'ai fait de ce point de vue magiquement ! L'émotion n'a donc, encore une fois, pas pour fin d'agir réellement sur l'objet par l'entremise de moyens particuliers, puisqu'elle cherche « à conférer à l'objet par elle-même, et sans le modifier dans sa structure réelle, une autre qualité, une moindre existence, ou une moindre présence ».

L'ÉMOTION, *technique d'évasion !*

Bien sûr, on en voit tout de suite la limite car le monde et son belliqueux quadrumane n'ont pas réellement disparu – j'ai seulement *feint*, par ma conduite, qu'ils ne soient plus : « Ce sont là les limites de mon action magique sur le monde : je peux le supprimer comme objet de conscience mais je ne le peux qu'en supprimant la conscience elle-même. » Mais nous voilà, un court moment, tirés d'affaire !

Veut-on un autre exemple ? Il n'est qu'à prendre le cas d'une autre émotion, celle de la crise de larmes, nommé par Sartre « tristesse active ».

POURQUOI *pleurer ?*

Imaginez le cas d'un candidat à un examen, confronté à un interrogateur impassible. Le voici questionné sur la politique internationale et la stratégie économique chinoise. Quelle est la parité du pouvoir d'achat en Chine ? Vous l'ignorez ? Notre candidat aussi ; il fond alors subitement en larmes. Assiste-t-on là aussi à une conduite visant à transformer magiquement le monde ?

Pour Sartre, oui, et il n'est qu'à comparer cette situation à celle de la patiente qui refuse de répondre au docteur en tâchant de l'émouvoir, en lui faisant adopter une attitude, comme l'écrit l'auteur, d'« empressement affectueux ». Tout ça grâce aux pleurs !

Transposé à notre exemple du candidat, le propos fonctionne très bien : le docteur, ou, pour reprendre notre exemple, l'examinateur, n'a plus qu'à laisser tomber ses questions, et sortir ses Kleenex. Comme dans le cas de l'évanouissement, la crise de larmes est donc une conduite qui vise à sortir d'une situation de stress en lui conférant magiquement d'autres propriétés, puisque la conduite qui serait normalement adaptée (et qui consisterait à donner une réponse) est impossible.

MAIS L'ÉMOTION N'EN RESTE *pas moins paradoxale...*

Soit. Mais une question demeure, que vous vous posez sûrement et qui ne manque pas d'être embarrassante. C'est que, en effet, si l'émotion est une conduite, d'une manière ou d'une autre, elle est *choisie*, c'est-à-dire *volontaire*, et donc forcément *consciente*.

Or, et c'est bien là tout le problème, il ne nous apparaît pas, à nous, dans l'expérience que nous avons de nos propres émotions, qu'elle puisse être un choix de la conscience ! Bien au contraire, nous avons plutôt l'impression que ces dernières nous envahissent, que nous les subissons ; à aucun moment l'évanouissement ne nous semble être ce que Sartre prétend qu'il est, c'est-à-dire « une conduite d'évasion » : après tout, je n'ai apparemment pas décidé de m'évanouir, ni même de fondre en larmes ! Sinon, je ne serais pas *vraiment* en train de m'évanouir, pas *vraiment* en train de pleurer ; je ne ferais plutôt que jouer un rôle, comme un acteur !

Nous voici donc face à un curieux paradoxe : pour que l'émotion soit réelle et non jouée, pour qu'elle soit vraiment vécue comme une émotion, il faut que nous nous y laissions prendre, et que jamais nous ne la percevions comme un acte volontaire et conscient.

Et pourtant, celle-ci doit bien l'être, volontaire et consciente, sans quoi on ne comprendrait pas qu'elle puisse avoir une signification… Curieux statut, que celui de cette émotion volontaire et involontaire, consciente et inconsciente à la fois !

Comment sortirons-nous de ce paradoxe ?

Pour Sartre, l'émotion est un jeu, mais un jeu que nous prenons au sérieux. Un jeu, donc, que nous nous jouerions à nous-mêmes, mais sans nous en apercevoir… comme si nous pouvions être la dupe de nous-mêmes ? Comme si nous nous mentions à nous-mêmes ? L'émotion, une conduite… de mauvaise foi ? Oui, pour Sartre. Mais afin de le comprendre, il nous faut faire un détour par ce que notre auteur nomme « les conduites irréfléchies »…

L'ESSENCE DES CONDUITES *irréfléchies*

Reprenons notre problème : comment peut-on faire quelque chose volontairement, tout en ayant l'impression de le subir ?

On pourrait certes invoquer l'hypothèse de l'inconscient, mais ce ne sera pas la solution de Sartre, qui a passé sa vie à critiquer l'hypothèse freudienne. Non, la réponse est tout autre pour le philosophe, qui propose plutôt d'analyser nos émotions comme des conduites… irréfléchies. Qu'est-ce à dire ?

Il n'y a là rien de compliqué, car nombre de nos conduites, pour Sartre, sont à ranger dans cette catégorie. Pour le comprendre, rappelons que *réfléchir* consiste à faire un retour sur ce que nous faisons.

Et, de fait, nous croyons spontanément que nous sommes toujours en train de faire un tel retour, comme si nous nous disions constamment, au moment où nous agissons : « *Je* suis en train de faire ceci ou cela. »

En ce sens, la conscience et la réflexion, la conscience et le *Je* seraient indissociables : je ne peux pas faire une chose sans *me* dire que je suis en train de la faire.

Mais, pour Sartre, ce n'est pas le cas. Il soutient fermement que nous agissons souvent sans réfléchir à ce que nous faisons… quoique nous agissions pourtant consciemment et volontairement !

L'EXEMPLE
de l'écriture

On a là une constante de la philosophie sartrienne : il nous est impossible d'agir autrement que consciemment, mais bien souvent, nous ne faisons pas de retour sur ce que nous faisons.

Attention, cela ne veut pas dire que nous faisons n'importe quoi ! Cela signifie plutôt que nous sommes complètement absorbés par ce que nous faisons... au point de *nous* oublier (d'oublier notre *Je*), sans jamais cependant tomber dans l'inconscience !

Pour comprendre cette idée, procédons à l'analyse de l'écriture, que Sartre propose comme exemple parlant de ce genre de conduite volontaire et consciente, mais qui nous semble pourtant mécanique.

Prenons le cas d'un étudiant qui, dans un amphithéâtre, s'affaire à retranscrire tant bien que mal tout ce que débite l'enseignant à une grande vitesse. Il est certain, en ce cas, que l'étudiant n'est pas en train de se dire : « *Je suis* en train d'écrire tel mot avec telle lettre, avec telle forme, et dans tel ordre », sans quoi il ne serait qu'un bien mauvais scribe, toujours en retard ; en réalité, l'étudiant n'a pas une conscience réfléchie de ce qu'il fait, mais il le fait pourtant.

Et on ne pourra pas dire, par exemple, que l'étudiant écrit *inconsciemment*, c'est-à-dire *par habitude* : car nous n'avons pas l'habitude d'écrire telles lettres dans tel ordre !

Écriture et conduite irréfléchie selon Sartre

Lorsque nous écrivons, nous sommes conscients de ce que nous faisons ; sans quoi, note Sartre, nous écririons n'importe quoi. Pourtant, force est de constater que nous ne nous focalisons pas sur chacune des lettres qui naissent sous notre plume ! Bref, l'écriture est l'exemple type d'une conscience qui choisit, qui agit volontairement, mais qui ne se regarde pas en train d'agir, qui s'oublie dans ce qu'elle fait, sans cependant s'anéantir. Plutôt que de parler d'inconscient, on dira donc que la conscience écrivante est une conscience… irréfléchie !

Tout absorbée dans ce qu'elle fait, la conscience écrivante ne subit jamais d'interférences du *Je* de notre personnalité. Il s'agit donc d'une conscience impersonnelle, que Sartre appelle « irréfléchie », ou encore, quand il se fait un peu plus snob, « conscience non thétique », ou conscience (de) soi : la conduite, si elle est irréfléchie, n'en est pas pour autant inconsciente – elle est consciente d'elle-même « non-thétiquement ».

Voilà que se trouve élucidé le fonctionnement de la conscience, qui parvient à s'oublier elle-même – sans jamais s'anéantir – dans ce qu'elle fait. Mais alors, quel est le rapport avec l'émotion ?

L'ÉMOTION, *une conduite irréfléchie*

Pour que l'émotion – choix de la conscience, donc – soit réelle et non simplement feinte, il faut justement que nous ne nous apercevions pas qu'elle est un choix, c'est-à-dire quelque chose que nous effectuons librement. Or, c'est justement ce qui est rendu possible si nous comprenons, avec Sartre, que « la conscience émotionnelle est d'abord irréfléchie ».

Revenons sur le cas de l'évanouissement : suis-je pleinement conscient, alors que je tombe, qu'il s'agit là d'un refuge ? Évidemment pas : en réalité, je ne fais pas retour sur moi-même pour me dire que je cherche à me sauver.

La conscience agit librement, mais sans que le *Je* s'en mêle !

Et voilà comment Sartre parvient à concilier ce qui paraît pourtant s'exclure :

1. Le fait que l'émotion soit une conduite, la meilleure possible dans une situation de stress, et qu'elle soit donc librement choisie par la conscience.

2. Le fait que nous ayons plutôt l'impression de subir l'émotion, dont on dit d'ailleurs qu'elle « nous envahit » : nous choisissons bien l'émotion, sans nous en apercevoir, car il s'agit d'une conduite irréfléchie !

En somme, donc, nous jouons dans l'émotion un petit jeu, que nous prenons terriblement au sérieux. Songez à l'enfant qui pleure après une chute, mais dont les larmes peuvent cesser *illico* grâce à la moindre distraction... Si l'émotion était réellement subie, plutôt que choisie, un tel retournement serait impossible !

Pour le dire autrement, il y a donc dans l'émotion une forme de mensonge que l'on s'adresse à soi-même : je me dupe moi-même en jouant le jeu de l'émotion... Mauvaise foi de la conscience !

LE RÔLE *du corps*

L'émotion, un mensonge à soi-même qui nous assigne au rang de dupes. Sacrés comédiens que nous sommes !

Mais si duperie il y a, nous terminerons par noter que c'est parce que tout le monde joue à nous tromper, et en premier lieu notre propre corps ! Car, oui, la conscience n'est pas toute seule, mais elle est incarnée. Et c'est le corps qui déterminera son rapport au monde...

Or, dans l'émotion, le corps est « l'agent de la mauvaise foi ». Autrement dit, « le corps joue le jeu de la conscience » : la crise de larmes, l'évanouissement, sont autant de « preuves » de la sincérité de notre accablement, autant de « masques » qui nous empêchent de voir qu'en réalité, nous choisissons de résoudre la situation en la fuyant. Par le biais du corps, la conscience *vit* réellement ce nouveau rapport au monde qu'elle tente d'instaurer par la magie. En changeant le corps, la conscience se donne les moyens de se jeter dans un monde nouveau.

Le corps, moyen incantatoire qui donne de la crédibilité à une conduite magique. Le corps, garant de notre prétendue bonne foi, à nos yeux comme à ceux des autres...

TRISTESSE *passive*

Terminons alors avec un dernier exemple d'émotion, qui finira de nous éclairer sur l'analyse sartrienne. Prenons le cas de la *tristesse passive* ressentie par un individu qui a appris sa ruine : l'individu triste est accablé, reste assis dans son coin, immobile, préfère l'ombre à la lumière, la solitude à la foule des rues. Son corps même a changé : il y a « résolution musculaire », une forme de pâleur, un « refroidissement des extrémités », note Sartre. Quel est donc le sens de cette émotion ?

Alors que je suis ruiné, tous les moyens dont je dispose habituellement (automobile privée, etc.) ont disparu. Il faudra donc leur substituer des intermédiaires (prendre l'autobus, le métro, etc.). Or, c'est précisément ce que je ne veux pas ! D'où le rôle de la tristesse, qui nous permet de supprimer l'obligation de chercher de nouvelles voies.

Comment ? En tâchant de faire du monde une « réalité affectivement neutre », de faire en sorte que « l'univers n'exige plus rien de nous », en faisant de l'univers, donc, quelque chose, précisément, de « morne ».

En conférant magiquement, par ma tristesse, cette propriété au monde de se présenter comme morne, indifférencié, c'est-à-dire comme n'appelant plus aucune action (ce qui m'arrange, car je n'ai plus les moyens d'agir comme je le voudrais !), l'émotion joue le même rôle que dans le cas de l'évanouissement : elle vise à nous sortir d'une situation... pour laquelle aucune issue n'est *réellement* envisageable !

Chapitre 5
Vie rêvée

Aimerait-on vraiment vivre une vie… rêvée ?

« Il vaut mieux être Socrate insatisfait qu'un imbécile satisfait. » John Stuart Mill

Quand vous pensez à tout ce qui vous arrive, vous vous dites que vous en avez, de la chance ; oui, tout va pour le mieux dans le meilleur des mondes.

D'abord, il n'est pas donné à n'importe qui d'être une star internationale du rock.

Euphémisme. Car vous êtes bien conscient qu'on se trémousse sur vos tubes bien au-delà de la petite province monde . Eh, quoi d'étonnant, puisque vous êtes un génie !

Est-ce que quelqu'un veut bien dire à Barack Obama qu'il cesse de vous harceler pour le barbecue de ce week-end ?

Et encore, s'il n'y avait que cela. Mais non, puisqu'il vous arrive de passer devant le miroir, et que c'est à chaque fois le même choc : la génétique vous a surclassé, vous êtes une bombe.

Au fait, sait-on qu'hier encore, vous sauviez un bébé chat de la noyade ?

Tout le monde vous aime, et c'est bien comme ça ; votre moitié est sublime, parfaite, séduisante autant qu'intelligente.

Alors vous voyagez, un peu partout, et vous faites le bien autour de vous. À chacun de vos passages, c'est l'euphorie ; vous êtes tant aimé, adulé, que le concert de ce soir s'annonce... démesurément génial.

Vive votre vie... ! Et vive votre... *Biiiip ! Biiiip ! Biiiip !*

Ah, non ! Mais qu'est-ce que c'est que ce bruit ?! Vous ouvrez les yeux tant bien que mal. Votre bras, lourd comme une enclume, se lève alors machinalement, comme pour écraser une mouche ; sauf que ce n'est pas une mouche que vous finissez par aplatir, mais bel et bien votre radio réveil !

Fichue réalité ! Vous étiez si bien en train de vous faire masser les pieds sur une île paradisiaque !

Mais il est hors de question de vous laisser abattre : *illico presto*, vous refermez les yeux, bien décidé à rattraper vos songes... Vous êtes concentré et donnez le meilleur de vous-même ; tout n'est pas encore perdu et vous tâchez de vous raccrocher aux quelques bribes, ô combien précieuses, de votre vie onirique.

Or, rien n'y fait ! Vous avez beau tenter de vous laisser choir, le rêve glisse entre vos doigts. Et la prise de conscience est brutale :

en ce troisième lundi de janvier – élu jour le plus déprimant de l'année –, il va falloir que vous vous activiez dare-dare pour attaquer la semaine.

Et pourtant, vous l'auriez bien prolongée, cette vie rêvée... À coup sûr, vous vous y sentiez bien mieux que maintenant, devant votre tasse de café...

Oui, vous l'auriez bien prolongée...

Mais pour combien de temps, d'ailleurs, si l'on vous en avait donné l'occasion ?

ET SI NOUS PROLONGIONS *nos rêves...*

Pour répondre à cette drôle de question, imaginons l'expérience de pensée suivante, proposée par le philosophe américain Robert Nozick.

Un scientifique fou a trouvé le moyen de stimuler votre cerveau, de façon à ce que vous soyez immédiatement plongé dans un rêve ; pendant toute la durée de l'expérience, vous serez « en train de flotter dans un réservoir », avec des « électrodes fixées sur votre crâne », écrit-il. En amont, il vous reviendra de choisir, dans un catalogue, le genre de vie rêvée que vous souhaitez expérimenter, par exemple, pour les deux années à venir. Ensuite, vous n'aurez que quelques minutes ou, si le scientifique n'est pas trop pressé, quelques heures, pour choisir une nouvelle expérience, avant de repartir dans un sommeil profond...

Accepteriez-vous de vous brancher ? Sacré scénario... qui nous amène à réfléchir à ce que nous voulons vraiment, par-dessus tout.

Car ici, la promesse est alléchante : n'est-ce pas celle, en effet, d'un bonheur, certes non réel, mais qui sera nécessairement *perçu* comme vrai ?

...EN LES PRENANT *pour la réalité*

Car, en effet, le propre de l'illusion est de ne pas apparaître pour ce qu'elle est, c'est-à-dire pour quelque chose de faux, mais de se donner toujours pour la vérité. Et de fait, quels seront les critères qui, une fois dans notre cuve, nous permettront de distinguer le rêve de la réalité ? Assurément aucun, et comme le remarquait déjà Pascal dans ses *Pensées* :

> « » Si nous rêvions toutes les nuits la même chose, elle nous affecterait autant que les objets que nous voyons tous les jours. Et si un artisan était sûr de rêver toutes les nuits, douze heures durant, qu'il est roi, je crois qu'il serait presque aussi heureux qu'un roi qui rêverait toutes les nuits, douze heures durant, qu'il serait artisan.

Quelle lucidité sur le rêve ! Car que nous apprend le philosophe, sinon que la vie rêvée n'est jamais perçue comme telle, c'est-à-dire comme une vie... *rêvée* ? Et d'ailleurs, êtes-vous bien sûr, vous qui lisez ces lignes, d'être bien réveillé ?

Voyez par exemple Descartes qui, s'adressant à lui-même dans la première des *Méditations métaphysiques*, a comme un *doute* :

> « » Combien de fois m'est-il arrivé de songer, la nuit, que j'étais en ce lieu, que j'étais habillé, que j'étais auprès du feu, quoique je fusse tout nu dedans mon lit ? Il me semble bien à présent que ce n'est point avec des yeux endormis

> que je regarde ce papier ; que cette tête que je remue n'est point assoupie ; que c'est avec dessein et de propos délibéré que j'étends cette main, et que je la sens : ce qui arrive dans le sommeil ne semble point si clair ni si distinct que tout ceci.

La clarté et la distinction, critères de la différence entre vie réelle et vie rêvée ? Assurément pas pour l'auteur, qui poursuit :

> « » Mais, en y pensant soigneusement, je me ressouviens d'avoir été souvent trompé, lorsque je dormais, par de semblables illusions. Et m'arrêtant sur cette pensée, je vois si manifestement qu'il n'y a point d'indices concluants, ni de marques assez certaines par où l'on puisse distinguer nettement la veille d'avec le sommeil, que j'en suis tout étonné ; et mon étonnement est tel, qu'il est presque capable de me persuader que je dors.

Encore une fois, donc, il n'existe aucun critère qui nous fera prendre conscience, au moment où nous rêvons, que nous sommes en train de rêver.

C'est pourquoi nous souhaitons prendre la proposition qui nous est faite – par le scientifique fou – au sérieux : il s'agit bel et bien d'une promesse de bonheur, certes fictif, mais pourtant vécu comme vrai !

Alors, reposons sérieusement la question : accepterions-nous, si on nous en donnait la possibilité, de vivre une vie rêvée ? Avec le métier de nos rêves, la personne de nos rêves, dans le pays de nos rêves... et, pourquoi pas, dans le monde de nos rêves !

La réponse dépendra certainement de la valeur que nous accorderons au bonheur !

« TOUS LES HOMMES recherchent d'être heureux... »

Et cette valeur est à première vue très grande. Allons plus loin : traditionnellement, le bonheur est même considéré comme le *Souverain Bien*. Qu'entend-on par là ?

D'abord, le fait que le bonheur englobe tous les autres biens : la santé, l'amour, l'amitié... Toutes ces choses ont en effet une très grande valeur, mais elles font moins la vie heureuse à elles-seules qu'elles n'en composent une partie. C'est pourquoi nous dirons que le bonheur, comme Souverain Bien, est un bien *global*.

Mais enfin, et surtout, le bonheur paraît être la seule chose qui constitue une *fin en soi*. Qu'est-ce à dire ? Rien que de très simple, puisqu'il suffit de penser au besoin que nous avons, par exemple, d'un marteau : si l'on vous demande en effet pourquoi vous désirez un marteau, vous répondrez (normalement), que c'est pour planter des clous. Et si l'on vous demande ensuite pourquoi vous désirez planter des clous, vous pourrez répondre que c'est pour accrocher un tableau. Et si l'on vous demande pourquoi vous désirez accrocher un tableau, vous répondrez que c'est pour décorer, et si l'on vous demande...

Bref, vous avez compris : toutes ces choses-là sont des *moyens* pour des *fins*, qui à leur tour sont d'autres moyens pour d'autres fins, etc.

Mais si l'on vous demande pourquoi vous désirez être heureux, il y a de grandes chances que vous répondiez tout simplement : « Parce que je veux être heureux, c'est tout ! » Autrement dit, la quête du bonheur ne se justifie pas ; ou plutôt, elle se justifie à elle-seule. Bref, le bonheur est un bien *autosuffisant*.

Et c'est pourquoi l'on considère habituellement que le bonheur est le but de la vie humaine, c'est-à-dire ce que nous recherchons tous ultimement à travers toutes nos entreprises, nos actions, etc. Le bonheur serait ainsi la valeur la plus haute, celle qui serait à mettre en tête de liste des choses à atteindre.

On comprend pourquoi Pascal écrivait que « tous les hommes recherchent d'être heureux, jusqu'à ceux qui vont se pendre »...

MAIS N'Y A-T-IL PAS DES EXIGENCES *supérieures au bonheur ?*

Mais si le bonheur constitue bien la finalité la plus haute pour l'homme, on ne voit pas bien ce qui nous retiendra de faire affaire avec notre scientifique. Car, en effet, quelle est sa promesse, sinon celle d'un bonheur effectif ? Encore une fois, tout ceci ne sera peut-être qu'un songe, mais un songe que l'on prendra pour la réalité ! Ainsi, que nous importera que ce bonheur soit artificiel, fabriqué de toutes pièces, si nous ne nous en apercevons pas ? Si vraiment le bonheur est ce que nous désirons obtenir par-dessus tout, alors il n'y a tout simplement aucune raison valable de refuser l'offre !

Oui, mais il semble pourtant qu'on hésite un peu devant cette affaire. C'est que l'offre a beau être alléchante, quelque chose nous rebute... Mais quoi, précisément ? Sommes-nous en train de nous apercevoir que, si le bonheur constitue une valeur fondamentale, il existerait quelque chose au nom de quoi nous serions toutefois prêts à le sacrifier ? Sommes-nous en train de nous apercevoir qu'il existerait des valeurs supérieures au bonheur ?

LA VÉRITÉ *d'abord*

Descartes s'est penché sur la question, dans sa correspondance avec la reine Elizabeth. Et de manière assez surprenante, on voit qu'il ne réserve pas au bonheur la place que nous croyions pouvoir spontanément lui accorder. Voyons cela de plus près :

> « » Madame, je me suis quelquefois proposé un doute : savoir, s'il est mieux d'être gai et content, en imaginant que les biens que l'on possède sont plus grands et plus estimables qu'ils ne le sont, et ignorant ou ne s'arrêtant pas à considérer ceux qui manquent, que d'avoir plus de considération et de savoir, pour connaître la juste valeur des uns et des autres, et qu'on devienne plus triste.

Cela tombe bien, car le doute formulé ici est exactement le nôtre : est-il préférable d'être gai et content dans l'erreur (« en imaginant que les biens que l'on possède sont plus grands et plus estimables qu'ils ne le sont »), que triste dans la vérité (c'est-à-dire « avoir plus de considération et de savoir »). Quelle sera la réponse de Descartes ?

> « » Si je pensais que le Souverain Bien fût la joie, je ne douterais point qu'on ne dût tâcher de se rendre joyeux, à quelque prix que ce pût être.

Même au prix de l'illusion, donc ! Et pourtant :

> « » Mais je distingue entre le Souverain Bien, qui consiste en l'exercice de la vertu, ou, ce qui est la même chose, en la possession de tous les biens dont l'acquisition dépend de notre libre arbitre, et la satisfaction d'esprit qui suit cette acquisition.

> C'est pourquoi, voyant que c'est une plus grande perfection de connaître la vérité, encore même qu'elle soit à notre désavantage, que l'ignorer, j'avoue qu'il vaut mieux être moins gai et avoir plus de connaissance.

Traduisons ainsi : l'homme est ainsi fait qu'il existe à ses yeux une valeur supérieure au bonheur, et à laquelle il serait capable de le sacrifier. Et cette exigence supérieure n'est autre que... celle de la vérité ! Pourquoi ? Car il est dans notre nature d'être rationnels et libres d'exercer pleinement toutes nos facultés, et donc d'assouvir un certain besoin de connaissance propre à la raison. Et cela... bien souvent au détriment de notre tranquillité !

MÊME S'IL N'Y A QUE LA VÉRITÉ *qui blesse !*

Car, certes, la vérité est souvent tout sauf agréable ; bien plus, elle est même parfois franchement douloureuse ! Ne dit-on pas fréquemment que nous aurions mieux aimé « ne pas savoir ».

Pensez par exemple à Freud qui nous rappelle, dans son *Introduction à la psychanalyse*, que toutes les grandes découvertes de la science moderne ou, pour le dire autrement, tous les progrès de la raison humaine sur le chemin de la vérité, furent autant de « blessures narcissiques » pour l'homme !

Curieuse créature, donc, que l'homme, qui semble prêt à sacrifier son bonheur au nom du vrai, parce qu'il est un être de raison. Tout se passe en effet comme si, pour lui, la vérité qui dérange était préférable à l'illusion qui réconforte !

Les trois blessures narcissiques

Dans son *Introduction à la psychanalyse* (1917), Freud soutient que toute grande découverte scientifique s'accompagne d'une blessure narcissique pour l'homme. Il prend les trois exemples suivants :

1. L'héliocentrisme de Copernic : l'homme découvre qu'il n'est plus au centre du monde !
2. L'évolutionnisme de Charles Darwin : il existerait donc une continuité entre l'homme et l'animal !
3. L'inconscient de… Freud : contrairement à ce qu'il croit, l'homme n'est pas transparent à lui-même, et la conscience s'illusionne sur ses propres capacités…

Mais allons plus loin et remarquons que, si la lucidité nous attriste souvent, c'est que la condition du bonheur doit alors résider dans une forme de naïveté, voire dans l'ignorance ! Ne parle-t-on pas parfois d'« imbécile heureux » ? Et quel est l'âge de la vie le plus heureux, sinon souvent l'enfance, c'est-à-dire un âge où nous sommes bercés d'illusions ?

Terrible conséquence : à ce compte-là, le fait même, pour l'homme, *de disposer d'une conscience*, conditionnera tout son malheur ! Car, en effet, qu'est-ce que la conscience, sinon cette capacité dont dispose l'humain à devenir lucide.

« L'homme est un roseau, le plus faible de la nature, mais c'est un roseau pensant. » Fameuse citation de Pascal, qui met en lumière le tragique de la condition humaine ! L'homme est un « roseau », c'est-à-dire qu'il est faible, mortel, soumis aux passions et à la maladie, mais c'est un « roseau pensant » : car le propre de l'homme, et c'est aussi sa grandeur, est d'avoir *conscience* de tout cela !

Autrement dit, l'homme est grand parce qu'il se sait petit ; l'homme est noble car il se sait misérable… Mais le voilà mal fichu pour le bonheur ! Du moins, s'il tient à mener une vie d'homme !

NOUVELLE EXPÉRIENCE *de pensée*

Une nouvelle expérience de pensée finira de nous convaincre que nous sommes, nous êtres humains, prêts à reléguer le bonheur au nom d'exigences que nous estimons plus dignes. Nous la tenons de la philosophe américaine Philippa Foot, qui s'est intéressée de près à notre question.

Partons du principe – communément admis – que le bonheur réside dans la satisfaction de nos désirs. Supposons ensuite que vous vous trouviez dans la situation suivante :

- Un autre scientifique fou (nous tenons à rassurer le lecteur, en lui assurant que tous les scientifiques ne sont pas fous !) vous approche dans la rue.
- Le drôle d'énergumène vous fait la proposition suivante : Madame, Monsieur, nous pratiquerons sur vous, si vous en êtes d'accord, une lobotomie. Après celle-ci, vous n'aurez plus qu'un seul désir : celui de compter des brins d'herbe. Nous vous offrirons ensuite un magnifique jardin, dans lequel vous pourrez passer le restant de vos jours à vous adonner à cette pratique ! Madame, Monsieur, nous vous promettons la plénitude !

Pour une promesse de bonheur, c'en est une, en effet ! Et pourtant, nul doute qu'ici nous déclinerons l'offre… certainement au motif que nous préférerons tous mener une existence humaine authentique, avec son lot d'inquiétude, de souffrances et d'insatisfactions, que cette drôle de vie proche de celle de la bête ! Et pourtant, c'est bien, semble-t-il, la vie heureuse, qui est en vue dans ce jardin...

IL VAUT MIEUX ÊTRE SOCRATE INSATISFAIT *qu'un imbécile satisfait*

Et c'est ce que résumera parfaitement bien le philosophe anglais du XIXe siècle, John Stuart Mill :

> « » Peu de créatures humaines accepteraient d'être changées en animaux inférieurs sur la promesse de la plus large ration de plaisirs de bêtes ; aucun être humain intelligent ne consentirait à être un imbécile, aucun homme instruit à être un ignorant, aucun homme ayant du cœur et une conscience à être égoïste et vil, même s'ils avaient la conviction que l'imbécile, l'ignorant ou le gredin sont, avec leurs lots respectifs, plus complétement satisfaits qu'eux-mêmes avec le leur.

Et le même auteur de conclure par une formule choc :

> « » Il vaut mieux être un homme insatisfait qu'un porc satisfait ; il vaut mieux être Socrate insatisfait qu'un imbécile satisfait.

Nous retrouvons donc l'idée que le bonheur ne constitue pas, pour l'homme, l'exigence la plus haute, puisqu'il existe des valeurs supérieures. Parmi celles-ci, on comptera le fait de mener une vie proprement humaine, c'est-à-dire authentique, où toutes nos facultés (la conscience, la mémoire, l'imagination, la raison...) pourront s'exercer pleinement, au risque, parfois, de susciter notre inquiétude ou, pour reprendre le mot de Pessoa, *l'intranquillité*.

Pour combien de temps, donc, l'auriez-vous prolongée, votre de vie de rock-star ? Peut-être encore un peu, c'est vrai. Mais certainement pas pour l'éternité !

Toutefois, sommes-nous en train de dire que nous ferions mieux de nécessairement renoncer au bonheur, au nom d'exigences plus nobles ? Certainement pas ! Il s'agit plus précisément de comprendre que la quête d'un bonheur authentiquement humain ne saurait faire l'impasse sur d'autres exigences, comme celle de la vérité, de la liberté ou de la morale...

LE BONHEUR, *idéal de l'imagination*

Reste alors une dernière question. Certes, le bonheur n'est peut-être pas ce au nom de quoi nous serions prêts à tout sacrifier. Mais osons poser une question plus radicale encore : savons-nous vraiment, au fond, ce qui pourra nous rendre heureux ?

Oui, semble-t-il, puisque nous avons noté qu'être heureux, c'est satisfaire ses désirs. Or, dans la mesure où nous connaissons nos désirs, il semble que la réponse aille de soi ! Et d'ailleurs, n'étiez-vous pas heureux avec votre vie de rock-star ?

Peut-être, mais n'oublions pas que nous sommes, vis-à-vis de nos rêves, dans la position du scénariste. Mais qui vous dit que, dans la vie réelle, cette vie de rock-star eut été si formidable... ? Pour répondre à cette question, aidons-nous d'un petit texte de Kant :

> « » Le concept de bonheur est un concept si indéterminé que, malgré le désir qu'a tout homme d'arriver à être heureux, personne ne peut jamais dire en termes précis et cohérents ce que véritablement il désire et il veut.

Personne ne peut dire ce qu'il désire vraiment ?

Minute, petit papillon : le « vieux chinois de Königsberg », comme l'appelait Nietzsche, a une idée derrière la tête :

> Veut-il la richesse ? Que de soucis, que d'envie, que de pièges ne peut-il pas par là attirer sur sa tête ! Veut-il beaucoup de connaissance et de lumières ? Peut-être cela ne fera-t-il que lui donner un regard plus pénétrant pour lui représenter d'une manière d'autant plus terrible les maux qui jusqu'à présent se dérobent encore à sa vue et qui sont pourtant inévitables, ou bien que charger de plus de besoins encore ses désirs qu'il a déjà bien assez de peine à satisfaire. Veut-il une longue vie ? Qui lui répond que ce ne serait pas une longue souffrance ? Veut-il du moins la santé ? Que de fois l'indisposition du corps a détourné d'excès où aurait fait tomber une santé parfaite, etc. Bref, il est incapable de déterminer avec une entière certitude d'après quelque principe ce qui le rendrait véritablement heureux : pour cela il lui faudrait l'omniscience.

Bien vu ! Car, après tout, qu'est-ce qui lui prouve, à celui qui le désire, qu'il sera effectivement heureux en devenant une star du rock ? Pour en être certain, il faudrait qu'il puisse anticiper l'avenir, pour se représenter tout ce qui adviendra vraiment, une fois la célébrité acquise. Mais bien sûr, cela est impossible, car l'homme n'est pas omniscient ; à la différence de ce qui se passe dans le rêve, nous ne maîtrisons pas tout, et il n'existe aucun lien logique entre célébrité, richesse et bonheur… À ce propos, nous avons vu plus d'une star, plus d'un individu devenu riche, sombrer dans le malheur ! Et il en ira certainement ainsi pour tous les autres biens que nous convoitons : santé, connaissance, longue vie… rien ne nous assure, après tout, que ces choses ne nous attireront pas des ennuis !

C'est pourquoi Kant conclut :

> « » Le bonheur est un idéal, non de la raison, mais de l'imagination…

Alors le matin, au réveil, ne soyons peut-être pas trop tristes de quitter nos songes : à devoir choisir, nous préférerons toujours être les acteurs d'une vie réelle que les scénaristes d'une vie rêvée !

Chapitre 6
Résonnez musettes !

Faut-il dire la vérité à ses amis, même dans une maternité ?

« Agis de telle sorte que la maxime de ton action puisse valoir en même temps comme principe d'une législation universelle. » Kant

Le cap de la trentaine, ça existe.

D'abord au niveau du ventre, excroissance inexplicable.

Et puis, pour d'autres (ou pire, les mêmes), ce terrible coup du sort. Qui frappe au hasard. Comme si la Fortune avait ses préférences, qui distingue entre ceux qui pourront mener une vie normale et les autres. De quoi parle-t-on ?

De l'alopécie bien sûr, terrible chancre, qui débarque sans crier gare, au réveil comme au sortir de la douche, et surtout dans la vitre du métro, qui (l'avez-vous remarqué ?) contient le singulier pouvoir de vous défriser. Alors, certes, la trentaine n'arrive pas sans prévenir.

Mais c'est d'abord autour de vous que, singulièrement, tout change. En effet, tout se passe comme si un mystérieux complot était à l'œuvre, qui voulait vous priver de vos amis les plus proches : votre bon vieux pote, votre bonne vieille patte, celle avec laquelle vous vous mettiez à l'envers tous les vendredis soirs, a soudainement disparu. Ça s'est fait progressivement c'est vrai, mais enfin ça s'est fait. La réponse aux textos s'est faite plus longue, hasardeuse : « Arf, euh, non, pas ce soir, j'ai eu une semaine difficile ! » Une semaine difficile ? Fous-toi de moi ! Le type vous donnait la même excuse un an plus tôt pour vous payer des scotchs. Et voilà que sans trop comprendre ce qui vous arrive, vous vous retrouvez seul au comptoir...

Mais enfin que se passe-t-il ?

Il ne faut pas réfléchir longtemps pour comprendre : quand vous remplissez la case « Situation » d'un quelconque document administratif, vous éprouvez désormais une légère angoisse à sélectionner l'option « Célibataire ». Car, oui, c'est cela qui se passe : tous vos amis sont en couple.

Mais attention, car le couple de trentenaires est d'une espèce nouvelle. Finies, en effet, les soirées farcies de bonnes rigolades où vous teniez pourtant la chandelle, peu soucieux qu'étaient vos amis de vivre d'amour et d'eau fraîche à deux dans un studio plein centre et voisin du vôtre. Non, le couple est devenu chose sérieuse : vos acolytes ont décidé d'*acheter une maison à deux* – ce qui se traduit par un exil plus ou moins lointain – pour aller mener une vie plus douce... Tu viendras nous voir, hein ?

Bien sûr que vous n'irez jamais.

Voilà la cause de tous vos nouveaux problèmes : et le trentenaire/célibataire à la bourre que vous êtes comprend soudainement que bien des codes ont changé : vous invite-t-on à manger ? Gare à toi, ô malheureux, qui compte débarquer avec ta pizza ! Ta gêne sera profonde quand les hôtes auront mis les petits plats dans les grands, et que différents invités (en couple, eux aussi) dévoileront – parés d'une fausse modestie – des petits mets à la conception subtile et délicate.

Mais il y a plus grave. Le téléphone a sonné, et tout a basculé : Madame vient d'accoucher. Évidemment, votre devoir d'ami vous impose de vous rendre *illico presto* à la maternité ; vous êtes déjà sur la route, bouteille en main, pour saluer le loupiot.

Arrivée dans la chambre. Des inconnus au regard interrogateur ; sans doute des cousins qui refont surface. Vous approchez doucement, découvrez le nouveau-né...

Douche froide ! Non mais quelle tronche, le moutard ! Tout rouge, tout gros, tout gonflé, tout fripé ! Et ça braille, en plus ! Bah, au secours ! On suffoque ici !

On vous propose de le prendre dans les bras, mais vous déclinez l'offre, prétextant je ne sais quelle excuse, de toute façon irrecevable en la situation.

Mais le moment fatidique approche ; vous voudriez fuir, et c'est impossible : vous devrez, quoi qu'il arrive, affronter la situation... Vous n'êtes pas encore assez préparé quand la question survient, inéluctable, irrésistible, de la part de vos amis bouleversés : « Alors, il est beau notre bébé ? »

PEUT-ON TROMPER *autrui innocemment ?*

À dire vrai, vous vous y attendiez un peu, à celle-là. Vous aviez déjà imaginé vous retrouver dans cette drôle de situation, où l'on vous pose *la seule question au monde* qui n'exige qu'une seule réponse, quoi que vous pensiez. Et ça vous interroge. Car enfin, mentir ici, en osant affirmer qu'il est *beau ce bébé*, relève très clairement de la tromperie ; vos amis, des étoiles dans les yeux, n'y voient pas clair.

Alors, certes, il deviendra peut-être mignon, le gosse. Mais pour le moment... il est objectivement mochard.

Mais enfin, à quoi bon se refuser à mentir, si cela peut faire plaisir à vos amis ? N'y a-t-il pas là un cas de mensonge innocent ? Pourquoi vous contraindre à dire la vérité, si vous risquez de faire du mal, voire de vous compromettre ?

Au fond, c'est la question de savoir si dire la vérité, quoi qu'il en coûte, est un devoir qui se pose. Et d'ailleurs, n'apprend-on pas aux enfants que mentir, c'est mal ? Certainement. Mais ne leur apprend-on pas en même temps à dissimuler ce qu'ils pensent vraiment, dans les cas où, par exemple, les exigences de la politesse se font sentir ? Certainement aussi.

Injonctions contradictoires !

Alors, faut-il toujours dire la vérité ? Peut-on tromper autrui innocemment ? Peut-il y avoir un mensonge... moral ?

LE VIEUX CHINOIS de Königsberg

S'il y en a un qui a étudié à fond la question, c'est bien Emmanuel Kant, philosophe prussien du XVIIIe siècle et grand représentant des Lumières allemandes. Curieux personnage, dont la tradition rapporte que son existence était strictement réglée : levé tous les jours à 5 heures, travail jusqu'à 12 h 45, promenade quotidienne, qui d'ailleurs ne fut interrompue que deux fois : à l'occasion de la lecture de l'*Émile* de Rousseau, puis des nouvelles de la Révolution française.

C'est dire la rigidité du bonhomme, ce « vieux chinois de Königsberg », comme l'appelait Nietzsche, et dont l'écriture s'en ressent. Alors, quand il s'attaque à la grande question morale « Que dois-je faire ? », attendons-nous peut-être à quelque sévérité.

Les quatre questions de la philosophie selon Kant

Dans sa *Logique* (1800), Kant affirmait que le domaine de la philosophie pouvait se résumer avec les quatre questions suivantes :

1. Que puis-je savoir ?
2. Que dois-je faire ?
3. Que m'est-il permis d'espérer ?
4. Qu'est-ce que l'homme ?

Le débat est lancé : que dois-je faire, *Herr* Kant ? Dois-je la vérité à mes amis satisfaits ? Puis-je leur mentir ? Pour répondre, consultons la première partie d'un texte majeur de sa philosophie morale, les *Fondements de la métaphysique des mœurs*.

LA BONNE *volonté*

Si le texte se révèle parfois aride, le tout début mérite cependant d'être rapporté, tant s'y trouve magnifiquement caractérisée la façon dont Kant conçoit la moralité :

> « » De tout ce qu'il est possible de concevoir dans le monde, et même en général hors du monde, il n'est rien qui puisse sans restriction être tenu pour bon, si ce n'est seulement une BONNE VOLONTÉ.

Rien, en nous, qui ne puisse donc être tenu pour bon, sinon une bonne volonté. Vraiment ? Et toutes nos qualités alors ? *Quid* du courage, de la persévérance, de la modération et de l'intelligence ? Ne sont-ce pas là des choses bonnes en elles-mêmes ?

Non, pour Kant, qui remarque fort justement la nécessité, pour que ces dernières soient bonnes, d'être dirigées par une bonne volonté, elles ne sont donc pas bonnes en elles-mêmes, mais *relativement* aux intentions de la volonté ! C'est pourquoi ces qualités pourraient même, si la volonté qui les dirige n'est pas bonne, servir des fins immorales : *le sang-froid* d'un scélérat, en effet, « ne le rend pas seulement beaucoup plus dangereux ; il le rend aussi immédiatement à nos yeux plus détestable encore que nous ne l'eussions jugé sans cela ».

Les choses sont donc claires : les qualités du tempérament et les dons de la Fortune ne sont de bonnes choses qu'à la condition que la volonté soit bonne. D'où la question : à quelle condition la volonté sera-t-elle bonne ?

C'EST L'INTENTION *qui compte !*

La bonté de la bonne volonté reposera, selon Kant, sur deux critères principaux. Le premier critère est énoncé comme suit :

> « » Ce qui fait que la bonne volonté est telle, ce ne sont pas ses œuvres ou ses succès, ce n'est pas son aptitude à atteindre tel ou tel but proposé, c'est seulement le vouloir.

Autrement dit, ce ne seront jamais les conséquences de mon action qui permettront d'en évaluer la moralité. Bien au contraire, la bonne volonté est bonne si son *intention* (ce que Kant nomme le « vouloir » de la volonté) est bonne ; on rejoint ici le sens populaire : « C'est l'intention qui compte ! »

Bien plus, les conséquences de mon action auront beau être néfastes, la moralité de celle-ci n'en demeure pas moins sauvegardée quand la volonté qui préside à leur réalisation est morale... Que les effets de mon action, c'est-à-dire ce qu'elle permet de faire ou d'obtenir, soient bons ou désastreux, cela n'entre *nullement* en compte pour répondre à la question « Que dois-je faire ? » !

On comprend donc que l'intention, si elle est morale, doit être détachée de toute considération relative aux effets, bons ou mauvais, de l'action...

Bref, le premier critère de la bonne volonté n'est autre que le *désintéressement*.

AGIR CONFORMÉMENT AU DEVOIR/ agir par devoir

Notre auteur formule une distinction cruciale entre le fait d'agir *conformément au devoir*, et le fait d'agir *par devoir*. De quoi s'agit-il ? C'est très simple :

- Agir conformément au devoir, c'est faire son devoir, *tout en étant intéressé à le faire*. Autrement dit, c'est faire son devoir, non pas parce que j'estime que c'est bien en soi, mais parce ce que cela me rapporte quelque chose.
- Agir par devoir, c'est, à l'inverse, faire son devoir non pas parce que cela sert un de mes intérêts quelconques, mais bien plutôt *par respect* pour le devoir lui-même, que je considère bon en soi.

Voyez l'exemple dont se sert Kant pour éclairer cette distinction :

> « » Par exemple, il est sans doute conforme au devoir que le débitant n'aille pas surfaire le client inexpérimenté [...], il établit au contraire un prix fixe, le même pour tout le monde, si bien qu'un enfant achète chez lui à tout aussi bon compte que n'importe qui. On est donc loyalement servi.

Et, de fait, les choses se passent normalement ainsi : que l'on soit expert ou non sur la marchandise que l'on nous vend, nous payons *normalement tous le même prix*, le commerçant ne faisant pas débourser systématiquement plus cher à celui qui n'y entend rien. Pour autant, le fait de payer *le juste prix* est-il nécessairement gage de moralité ? Point s'en faut, pour Kant, qui poursuit :

> « » Mais ce n'est pas à beaucoup près suffisant pour qu'on en retire cette conviction que le marchand s'est ainsi conduit par devoir et par des principes de probité ; son intérêt l'exigeait.

« Son intérêt l'exigeait. » Oui, certainement, puisque tromper le client, à supposer que cela fusse, aurait risqué de nuire à sa réputation, et donc à son commerce ! Autrement dit, nous avons là une action qui certes était accomplie *conformément au devoir*, mais non *par devoir* et ce, précisément parce qu'elle n'était pas faite en vue du bien, mais que son intention était intéressée !

La même action, donc, peut tout aussi bien être accomplie par devoir que simplement conformément au devoir. En d'autres termes : la même action peut être accomplie moralement ou égoïstement ! Et l'on comprend que cela ne se voie pas de l'extérieur. Tout est affaire de disposition intérieure, tout se joue dans la tête de l'exécutant.

UNIVERSALISER
la maxime de son action

Soit. Mais une question demeure ; elle nous conduira au deuxième critère de la bonne volonté.

Si, en effet, nous avons bien compris que la moralité de l'action dépendait de la volonté qui y présidait, et qu'une telle volonté n'était bonne qu'à la condition d'être désintéressée, il reste tout de même à trancher la question de savoir si nous devons dire la vérité à nos amis, qui doivent s'impatienter de notre réponse. Car enfin, comment savoir ce que je dois faire, dans telle situation concrète ?

La réponse de Kant est la suivante :

> « » L'action sera jugée bonne si l'intention qui préside à sa réalisation est universalisable.

C'est le fameux thème de l'impératif catégorique, qui s'énonce comme suit :

> « » Agis de telle sorte que la maxime de ta volonté puisse valoir en même temps comme principe d'une législation universelle.

Plutôt obscur, non ? En réalité, l'idée reste simple : je dois me conduire de telle sorte que je puisse aussi vouloir que ma maxime, c'est-à-dire la loi qui préside à mon action, soit adoptée par tous. Autrement dit, je dois imaginer, au moment d'agir, si un monde au sein duquel tous accompliraient la même action et où tous sauraient que tout le monde accomplit cette action est pensable : si oui, alors l'action est bonne ; si non, alors elle est mauvaise.

Procédons au test ! Puis-je, par exemple, tricher ? Assurément pas, puisqu'un monde où tout le monde triche est un monde où il est impossible de tricher, la tricherie n'étant possible que si les autres supposent que l'on ne triche pas... Partant, la tricherie est immorale, partout et toujours !

De la même façon, puis-je faire une fausse promesse ? Toujours pas, car si je porte cette maxime à l'universel, le principe qu'une promesse fausse peut être faite détruit le principe même de la promesse, qui n'est possible qu'à la condition que les autres m'accordent leur confiance... ce qui ne risque pas d'arriver si personne, dans notre monde possible, ne tient ses promesses !

Venons-en alors à notre problème : peut-on mentir en certaines situations ? Peut-il exister un mensonge moral ? Toujours pas ! En effet, un monde possible où tout le monde ment et où tout le monde sait que tout le monde ment est impossible, puisque la condition du mensonge est quand même que les autres croient que ce que l'on raconte est vrai...

Conclusion : dire la vérité est un devoir, coûte que coûte ! Et si le mensonge consiste, d'après la définition qu'en donne Kant, à dire une chose et à *penser secrètement le contraire en son cœur*, alors force est de constater que nous sommes, d'un point de vue kantien, obligés d'être honnêtes : « Non, il n'est pas très beau votre bébé. »

C'est ce qui résulte du deuxième critère de la bonne volonté : son universalité !

OUI, *mais...*

Oui, mais... c'est ici que les choses se corsent : les objections sont nombreuses, et ne se sont d'ailleurs pas fait attendre. Dès 1796, l'essayiste Benjamin Constant attaquait Kant dans *Des réactions politiques* : « Le principe moral, par exemple, que dire la vérité est un devoir, s'il était pris de manière absolue et isolée, rendrait toute société impossible. » Et notre objecteur de s'appuyer sur un exemple, pour bien faire comprendre qu'il peut exister des cas où dire la vérité apparaît comme franchement immoral.

Songez-vous à un tel cas ? Prenons celui de Constant : faudrait-il dire la vérité à l'assassin qui vous demanderait si votre ami qu'il poursuit n'est pas réfugié dans votre maison ? D'après Kant, on a compris que c'est le mensonge qui serait crime ici. Conséquence : vous avez le devoir de livrer votre ami ! D'où la vive réaction du Français, qui note que « dire la vérité n'est [...] donc un devoir qu'envers ceux qui ont droit à la vérité. Or nul homme n'a droit à la vérité qui nuit à autrui ».

Évident, n'est-ce pas ? Non pour Kant : le vieux chinois de Königsberg prit connaissance de l'objection et s'employa à y répondre dans un petit texte intitulé *D'un prétendu droit de mentir par humanité*. Et voici ce que nous y lisons :

> Être véridique dans les propos qu'on ne peut éluder, c'est là le devoir formel de l'homme envers chaque homme, quelle que soit la gravité du préjudice qui peut en résulter pour soi-même ou pour autrui.

Faudrait-il donc dénoncer notre ami ? Oui, d'après l'auteur ! Et il le justifiera par l'argument suivant :

> Une telle falsification, qu'on peut nommer également pour cette raison un mensonge [...] constitue, au regard de l'élément le plus essentiel du devoir en général, un tort : car je fais en sorte, autant qu'il est en mon pouvoir, que des propos (des déclarations) en général ne trouvent aucun crédit et, par suite, que tous les droits fondés sur des contrats deviennent caducs et perdent toute leur force ; ce qui est un tort causé à l'humanité en général.

En clair : il n'y a pas de mensonge innocent, car tout mensonge nuit de près ou de loin à l'humanité en général, en rendant vaine la source même du droit : *la confiance*. Bigre ! Notre Prussien n'en démord pas, il va même plus loin en affirmant que les conséquences du mensonge, pour celui qui déciderait de ne pas livrer son ami, pourraient être bien pires que s'il avait dit la vérité :

> Si tu as menti et que tu as dit qu'il n'était pas chez toi et qu'il soit, en fait, sorti (sans que tu le saches) et que le meurtrier, le rencontrant en sortant, accomplisse ainsi son forfait, alors on peut t'accuser à bon droit d'être l'auteur de sa mort. Car si tu avais dit la vérité telle que tu la savais, alors le meurtrier qui recherchait son ennemi dans la maison aurait peut-être été arrêté par des voisins qui seraient accourus, et le forfait aurait alors été empêché.

Que d'hypothèses pour sauver l'impératif catégorique !

L'EXPÉRIENCE
de Cathal Morrow

Pour nous, petits menteurs du quotidien, soyons clairs : un tel rigorisme a quelque chose d'effrayant. Car la nécessité de mentir au nom du bien est manifeste, et ce, dans bien des situations. Le médecin, par exemple, devra-t-il toujours dire toute la vérité à son patient ? La connaissance du vrai ne risquerait-elle pas d'aggraver son cas ? Mais bien plus, la vie sociale en général ne repose-t-elle pas toujours, savoir-vivre oblige, sur la dissimulation de bien des pensées ?

C'est ce dont on se convaincra aisément, en suivant l'expérience d'un journaliste américain, Cathal Morrow, qui se proposa le défi suivant : suivre le précepte de Kant durant un an, soit dire la vérité coûte que coûte durant tout ce temps.

Menteur, menteur

On trouvera relatée – en anglais – l'expérience de Cathal Morrow sur un blog : *The Complete Kant*, disponible à l'adresse suivante : https://thecompletekant.files.wordpress.com/2008/04/prologue2.pdf.

Résultat des courses ? Rien que de prévisible : disputes à la maison, conflits au travail, bisbilles avec les copains. Et notre auteur de dresser sagement le bilan comme suit :

Nous tomberions, si personne ne mentait, dans :

> un état d'« anarchie honnête » absolument abominable. Contraints de dire ce qu'ils pensent, les hommes politiques perdront leurs principaux moyens d'action,

> la dissimulation et la diplomatie. Les familles commenceront à se désagréger : les maris avoueront à leurs épouses qu'ils en aiment une autre depuis toujours, elles le leur rendront bien, et les parents seront obligés de trahir le grand secret du Père Noël (eh non, il n'existe pas !). Dans le monde du travail, la guerre ouverte sera déclarée entre patrons et salariés, entre collègues, entre concurrents ; l'économie tout entière en sera affectée. Complètement détraquée, la vie sociale apparaîtra ainsi pour ce qu'elle est effectivement : une machine qui ne fonctionne qu'au prix de conventions, d'hypocrisies, de tabous et de renoncements.
> (Entretien donné à *Philosophie magazine*.)

Mais le mensonge est là, heureusement !

PAS QUATRE AMIS *dans le monde*

Nous voici au terme de cette petite réflexion sur le mensonge. Mentirez-vous à vos amis ? Il est très probable que oui ; vous dissimulerez la vérité, vous ne serez donc pas honnête. Aurez-vous à vous en vouloir ? C'est beaucoup moins sûr : ces petites tromperies sont les piliers de la vie en commun et, à bien y réfléchir, sans celles-ci, le petit moutard n'aurait peut-être jamais vu le jour... Pascal écrivait des ses *Pensées* :

> « » Ainsi la vie humaine n'est qu'une illusion perpétuelle ; on ne fait que s'entre-tromper et s'entre-flatter. Personne ne parle de nous en notre présence comme il en parle en notre absence. L'union qui est entre les hommes n'est fondée que sur cette mutuelle tromperie.

Cynique ? Peut-être. Honnête ? Certainement...

Car tel est le prix de l'amitié :

> Je mets en fait que si tous les hommes savaient ce qu'ils disent les uns des autres, il n'y aurait pas quatre amis dans le monde.

Et puis, à bien y regarder, il est assez mignon, le p'tit bout !

Chapitre 7
Le prince et le prof

Faut-il être gentil pour être un bon prof ?

« Il est nécessaire à un prince, s'il veut se maintenir au pouvoir, d'apprendre à pouvoir ne pas être bon. » Machiavel

Jeune étudiant, vous saisissez l'opportunité d'effectuer une petite vacation dans l'Éducation nationale. Vous n'êtes pas peu fier de vous retrouver du bon côté de la barrière ; votre casier est désormais dans ce qui sera votre seconde patrie : la salle des profs.

C'est votre premier jour et vous débarquez à 7 h 45. Ce n'est pas que vous soyez spécialement prévoyant, mais vous aviez flairé qu'il se joue un sacré manège autour du point névralgique, c'est-à-dire de la photocopieuse.

Et vous n'aviez pas tort : sachez tenir votre rang, on ne badine pas avec le recto-verso.

Vous vous exécutez rapidement, promptement, mais en plein milieu du tirage, le drame survient : plus de papier. Vous êtes désemparé face à la complexité de l'affaire : où sont les rames ? À qui les demander ?

Heureusement pour vous, *la belle âme* surgit, qui arrange le tout en deux temps trois mouvements, clin d'œil en sus. Eh ! Quel patron celui-là ! Et respecté ! Vos collègues, maugréant quelques instants plus tôt, retrouvent le sourire en saluant celui qui, pour vous, est déjà le boss du système scolaire républicain.

La tension monte. Il vous reste quatre minutes, mais vous avez déjà prévu votre coup : vous serez *in* face aux élèves, en la jouant sympa, cool, non coercitif. *Exit*, la règle et le bâton ! Finies, les méthodes tyranniques ! Vous serez, comme disait l'autre, *résolument moderne*.

Bref, vous êtes large pour un café.

Sonnerie. Tout le monde s'affaire, et vous voilà déjà devant votre première classe. Quelle impression terrifiante ! Trente-six regards, soixante-douze petits yeux mi-méfiants, mi-défiants, qui scrutent vos moindres faits et gestes. Vous décidez de procéder à l'inventaire, liste de classe en main – qui tremble – mais à peine avez-vous écorché, de la plus fébrile des voix, trois noms de famille, que le brouhaha s'installe. Vous levez la tête, tâchez de déterminer l'origine du problème, mais comprenez bien vite que c'est impossible, car si tous sont responsables, le seul coupable, c'est déjà vous. Comment réagir ? Vous songez à protester, à menacer, à sanctionner, mais vous vous rebiffez : non, ce serait donner une mauvaise image, et prendre le risque de ne pas vous faire apprécier...

Et puis, surtout, vous n'en avez pas le courage.

Alors, évidemment, vous vous contentez de la plus chétive des injonctions : s'il vous plaîîît !

Ô malheureux ! Jamais, de toute l'histoire du silence, il n'en fut probablement de si court...

L'heure écoulée, vous redescendez en salle des profs, rincé, l'impression d'avoir combattu un ours ; cinq minutes plus tôt, vous en étiez encore à vous demander pourquoi les trois de devant ricanaient dès que vous aviez le dos tourné, mais il a suffi que vous passiez aux toilettes pour comprendre qu'avec toute la craie que vous avez dans les cheveux, et visiblement sur les fesses, vous n'avez pas dû arranger l'affaire.

Vous vous êtes clairement fait malmener ; vous êtes abattu, complètement dérouté. Vous vous installez sur une chaise, quand *la belle âme* ressurgit. Sans mot dire, elle vous tend, d'une main, un deuxième café, et de l'autre, un livre, *Le Prince*, de Machiavel. Vous posez le café, ouvrez le livre au hasard et lisez, chapitre 15 :

> « » Il est nécessaire à un prince, s'il veut se maintenir au pouvoir, d'apprendre à pouvoir ne pas être bon.

Vous relevez les yeux, croisez le regard de la belle âme. Deuxième clin d'œil...

LE PRINCE
et le prof...

Le Prince, classique parmi les classiques de la philosophie politique. *Le Prince*, ouvrage court, limpide, génial, écrit en 1532 par le Florentin Nicolas Machiavel, et dédicacé à Laurent II de Médicis.

Le Prince de Machiavel, qui a donné lieu à l'un des adjectifs les plus sombres de l'Histoire...

Mais *Le Prince* de Machiavel, indispensable outil du professeur ? Risquons l'hypothèse. Car nous verrons que les situations du prince et du prof comportent quelques similitudes, et il n'est qu'à lire, par exemple, le titre du chapitre 15, pour s'en apercevoir : « Comment un prince doit en user et se conduire, soit envers ses sujets, soit envers ses amis. »

Le rapport que le prince doit entretenir avec ses sujets, modèle au rapport que le prof doit entretenir avec ses élèves ? Bien conscients des limites d'un tel rapprochement, nous en verrons l'efficacité sur bien des points.

Car *Le Prince* de Machiavel n'est-il, au fond, qu'un banal ouvrage de philosophie politique ? Oui, d'un côté, car il s'agit bien de se poser la question du rapport qui doit exister entre le gouvernant, celui ou ceux qui ont le pouvoir, et les sujets. Mais non, de l'autre, car l'angle à travers lequel ce rapport est envisagé dans *Le Prince* est radicalement novateur :

> Tant d'écrivains en ont parlé, que peut-être on me taxera de présomption si j'en parle encore ; d'autant plus qu'en traitant de cette matière, je vais m'écarter de la route commune. Mais, dans le dessein que j'ai d'écrire des choses utiles à celui qui me lira, il m'a paru qu'il valait mieux m'arrêter à la réalité des choses que de me livrer à de vaines spéculations.

Qu'on puisse, trop rapidement, taxer notre ami de présomption, possible : d'autres, et pas des moins costauds – Platon et Aristote notamment – se sont déjà collés au problème politique. Mais notre auteur de préciser que si présomption il y a, c'est d'abord en raison de sa *nouvelle façon* d'aborder la question :

il s'agira d'être *utile* à celui qui le lira et de s'appuyer sur la *réalité* des choses, en mettant de côté les *vaines spéculations*.

Traduisons de suite : ce petit traité de Machiavel, destiné au prince, s'interrogera bien, comme de coutume, sur la *meilleure forme de gouvernement*. Mais attention, car s'interroger sur la meilleure forme de gouvernement ne reviendra plus, comme chez tous ceux qui précèdent, à se demander quelle est la cité idéale ; non, s'interroger sur la meilleure forme de gouvernement reviendra bien plus concrètement à se demander comment réussir, pour le prince, à conquérir et conserver le pouvoir.

Notre rapprochement du prof et du prince commencerait-il à s'éclairer ?

...DOIVENT APPRENDRE
l'art de se maintenir au pouvoir...

Car, en effet, quel est le vrai problème du prof et du prince, sinon celui de gagner le respect, de nos chères petites têtes blondes pour le premier, des citoyens pour le second ? Et pourquoi ? Évident pour le prof, qui vise par là le moyen de transmettre son enseignement. Mais qu'en est-il pour le prince ? Doit-il lui aussi chercher, en tout premier lieu, à conserver le pouvoir ? Sa première tâche n'est-elle pas plutôt de réaliser le bien dans la cité ?

Qu'on ne s'y trompe pas : contrairement aux idées reçues sur Machiavel, la conservation du pouvoir ne constitue pas, pour ce dernier, une fin en soi, comme si le gouvernant ne devait viser, ultimement, qu'à asseoir sa domination ; bien au contraire, la politique doit toujours viser la prospérité et le bonheur du peuple. Mais il reste que, pour y parvenir, le prince doit d'abord apprendre à se maintenir : condition *sine qua non* !

Discours de Tite-Live sur la première décade

Contrairement aux idées reçues, le pouvoir ne constitue pas une fin en soi pour Machiavel. Il n'est en effet pas de tâche plus noble, pour le prince, que d'être un créateur de citoyenneté. Ainsi lit-on, dans son *Discours sur la première décade de Tite-Live*, I, X :

> *En vérité les dieux ne peuvent donner à des hommes une plus belle chance de gloire, comme nul homme n'en peut désirer de plus belle. Si pour réordonner une cité, il fallait qu'un prince dépose le pouvoir, celui qui préférerait la laisser dans le désordre pour garder le pouvoir mériterait peut-être quelque excuse ; celui-là n'en mériterait aucune qui pourrait la réordonner et garder le pouvoir. Que ceux que le ciel a placés dans ces heureuses circonstances réfléchissent que deux chemins s'ouvrent devant eux : l'un les conduit à l'immortalité, après un règne heureux et tranquille ; l'autre les fait vivre au milieu de mille inquiétudes, et leur promet après la mort une éternelle infamie.*

Et c'est ici que notre auteur fait preuve d'une grande lucidité. Oui, car c'est ici qu'il comprend une chose qui avait, semble-t-il, échappé aux autres : c'est qu'il ne suffit pas d'être au pouvoir pour s'y maintenir. Bien au contraire, la conservation du pouvoir ne va pas de soi, la capacité à soumettre ses sujets n'a rien d'une évidence.

Bref, la conservation du pouvoir exige un *art véritable*.

Un *art*, c'est-à-dire une habileté permettant de s'adapter aux circonstances, toujours particulières, et donc nécessairement changeantes ; un art, c'est-à-dire le contraire d'une science politique idéale, qui vaudrait en tout temps et en tout lieu...

Un art dont Machiavel, le premier dans l'histoire de la philosophie, entend nous délivrer le secret !

...C'EST-À-DIRE *d'être réalistes...*

Et cet art consistera d'abord à prendre conscience d'une chose : c'est que le *réel* – et c'est ce qui le définit en premier lieu – n'est pas *idéal* : les hommes étant sujets aux passions, leur désir commun est bien souvent de vouloir l'emporter sur les autres, ce qui revient, dans le cas de l'assujetti, à bien souvent refuser d'être gouverné ! Aussi tous ces chers petits élèves – et tous les citoyens – ne se comportent-ils pas toujours comme des anges... Vos souvenirs d'écolier oseront-ils le démentir ?

Le prince et le prof, donc, s'ils veulent se maintenir, devront cesser d'être naïfs, et apprendre à composer avec le réel ; bref, ils se devront d'être *réalistes.*

Machiavel, l'ancêtre de la *realpolitik*

On peut noter, sur ce point, que Machiavel est souvent considéré comme l'ancêtre de la *realpolitik*, qui privilégie le concret, le réalisme et l'efficacité à la considération de grands principes moraux et éthiques.

> Bien des gens ont imaginé des républiques et des principautés telles qu'on n'en a jamais vu ni connu. Mais à quoi servent ces imaginations ? Il y a si loin de la manière dont on vit à celle dont on devrait vivre qu'en n'étudiant que cette dernière on n'apprend plutôt à se ruiner qu'à se conserver.

Mais alors, que faire ? Nous connaissons déjà la proposition de notre auteur :

> Il faut donc qu'un prince qui veut se maintenir apprenne à ne pas être toujours bon, et en user bien ou mal, selon la nécessité.

Voilà notre auteur qui devient franchement *machiavélique*...

...ET DONC DE SÉPARER *morale et politique !*

Car telle est bien la grande idée de Machiavel qui, le premier, sépare deux domaines traditionnellement liés : la morale et la politique.

Songeons par exemple aux Anciens, et plus particulièrement à Platon, d'après lequel il devait revenir au « philosophe roi », sage parmi les sages, de gouverner la cité idéale. Dans cette perspective, où le bien moral et le bien public coïncident, le dirigeant est forcément un chic type !

Un chic type, oui, mais certainement un naïf selon Machiavel, c'est-à-dire un incapable. Car celui qui s'embarrasse de scrupules moraux risque fort d'échouer : encore une fois, les hommes étant ce qu'ils sont, jouer la carte de la douceur revient à prendre le risque de se faire... écraser. Or, si en politique, ce sont d'abord les résultats qui comptent, alors la fin justifie les moyens : apprendre à gouverner, c'est apprendre à contourner la morale quand les circonstances l'imposent. Et notre prof, investi des meilleurs sentiments du monde, ne tiendra pas longtemps s'il ne décide d'adopter quelques vices :

> À bien examiner les choses, on trouve que, comme il y a certaines qualités qui semblent être des vertus et qui feraient la ruine du prince, de même il en est d'autres qui paraissent être des vices, et dont peuvent résulter néanmoins sa conservation et son bien-être.

Nous voilà sur une drôle de pente, celle de *l'immoralisme*. Laissons-nous glisser et demandons-nous donc à quoi revient, concrètement, cette séparation du moral et du politique : à quelles valeurs morales devrons-nous renoncer ? Quels vices devrons-nous choisir ? Bref, quelles seront les ruses de l'homme *machiavélique* ?

Pour répondre, il suffira de suivre Machiavel qui, dans les chapitres qui suivent, énumère les différentes conduites que devra adopter le prince, s'il ne veut pas « périr au milieu de tant de méchants »... Et voyons si notre prof peut en tirer quelque leçon !

FAUT-IL ÊTRE *généreux ou avare ?*

Commençons par poser la question du chapitre 16 : le prince, s'il veut conserver le pouvoir, doit-il être libéral (généreux) ou avare ?

Si nous n'étions pas machiavéliens, nul doute que nous opterions pour la magnanimité... Mais voyons ce qu'en dit le réaliste Florentin :

> Je dis qu'il serait bon pour un prince d'être réputé libéral ; cependant la libéralité peut être exercée de telle manière qu'elle ne fasse que lui nuire sans aucun profit ; car si elle l'est avec distinction, et selon les règles de la sagesse, elle sera peu connue, elle fera peu de bruit, et elle ne le garantira point de l'imputation de la qualité contraire.

Voilà un paradoxe : s'il est bon pour le prince de passer pour généreux, aussi vaudra-t-il mieux, pour lui, ne pas l'être. Curieux, n'est-ce pas ? Mais certainement pas absurde :

> « » Si un prince veut se faire dans le monde la réputation de libéral, il faut nécessairement qu'il n'épargne aucune sorte de somptuosité ; ce qui l'obligera à épuiser son trésor par ce genre de dépenses ; d'où il s'ensuivra que, pour conserver la réputation qu'il s'est acquise, il se verra enfin contraint à grever son peuple de charges extraordinaires, à devenir fiscal et à faire, en un mot, tout ce qu'on peut faire pour avoir de l'argent.

Exact : la générosité à un coût, et ce coût risque fort d'être supporté par le peuple... On en imagine bien les conséquences :

> « » Aussi commencera-t-il bientôt à être odieux à ses sujets, et à mesure qu'il s'appauvrira, il sera bien moins considéré.

Bien vu ! Jouer la carte de la générosité revient à jouer les prodigues, et jouer les prodigues conduit à se faire haïr par ceux qui sont prélevés. Une chose est donc certaine : ce n'est pas en étant généreux que l'on acquerra la réputation de généreux ! Mais alors, doit-on renoncer à cette réputation ? Certainement pas ! Soyons plutôt machiavéliques et utilisons la ruse pour y parvenir :

> « » Le Prince, ne pouvant donc, sans fâcheuse conséquence, exercer la libéralité de telle manière qu'elle soit bien connue, doit, s'il a quelque prudence, ne pas trop appréhender le renom d'avare, d'autant plus qu'avec le temps il acquerra de jour en jour celui de libéral. En voyant, en effet, qu'au moyen de son économie ses revenus lui suffisent [...] il sera réputé libéral par tous ceux, en nombre infini, auxquels il ne prendra rien.

Vous voulez passer pour libéral ? Commencez par vous comporter comme un ladre, et le tour est joué ! Ne faites d'ailleurs pas le susceptible si l'on vous reproche votre avarice au début : en faisant le choix de l'économie, vous anticipez le long terme ; il suffit d'attendre et vous gagnerez votre réputation de libéral quand on verra que vos choix vous permettent de vous maintenir, sans avoir eu à *devenir fiscal*.

Nous voilà au cœur du machiavélisme : ce qui passe ordinairement pour un vice (l'avarice), doit être choisi parce qu'il permet au prince de conserver le pouvoir ; la fin justifie les moyens, et le moyen, ici, est moralement discutable !

Maintenant, quelle leçon notre prof tirera-t-il de cela ? Certes, la configuration diffère, et l'avarice ou la prodigalité du prof ne se lit pas en termes de finance, mais il n'empêche, le prof a sa monnaie à lui : les notes ! Veut-il passer pour sympa, en étant généreux dès le début de l'année sur la notation ? Ce sera prendre le risque de passer pour avare ensuite, quand les contraintes de la réalité, soit celles de l'examen, l'obligeront à réajuster ses remarques, selon des critères plus stricts... Il sera certainement judicieux de commencer par adopter la sévérité... !

VAUT-IL MIEUX *être aimé que craint ?*

Abordons, en effet, la question des questions. La plus importante de toutes. Celle qui sera en fait, pour notre petit prof, une question de vie ou de mort : vaut-il mieux, pour le prince, être aimé que craint ?

Là encore, la réponse du naïf ne ferait aucun doute : il vaut certainement mieux être aimé !

Mais ce n'est bien sûr pas l'avis de notre Florentin, qui écrit au chapitre 17 qu'« il est plus sûr d'être craint que d'être aimé ». Comment va-t-il nous faire avaler cela ? Avec deux arguments :

1. « En faisant un petit nombre d'exemples de rigueur, vous serez plus clément que ceux qui, par trop de pitié, laissent s'élever des désordres d'où s'ensuivent les meurtres et les rapines. »

S'il faut donc, parfois, user de sévérité, et donc se faire craindre, c'est que la sévérité permet de maintenir l'ordre, là où trop de largesse, trop de faiblesse, risque fort de conduire au chaos. Vous n'êtes pas convaincu ? Rappelez-vous le postulat de Machiavel : les hommes, soumis à toutes les passions, ne sont pas des anges. Le seul moyen de les garder sous contrôle consistera donc à vous montrer impitoyable… Et voyez comme la logique se renverse encore une fois : en étant impitoyable, vous paraîtrez clément au regard de ceux qui, trop souples, laissent le chaos s'installer. Être une chose, pour en paraître une autre…

2. « Ajoutons qu'on appréhende beaucoup moins d'offenser celui qui se fait aimer que celui qui se fait craindre ; car l'amour tient par un lien de reconnaissance bien faible pour la perversité humaine, et qui cède au moindre motif d'intérêt personnel ; au lieu que la crainte résulte de la menace du châtiment, et cette peur ne s'évanouit jamais. »

Ici, c'est l'affect qui tient le mieux les hommes en respect qui est interrogé : de qui risque-t-on le plus ? De celui qui nous aime ou bien de celui qui nous craint ? La réponse de Machiavel est sans appel : l'amour est bien moins fiable, car bien moins solide que la crainte. Pourquoi ? Parce que si l'on vous aime pour quelques bienfaits, n'oubliez pas que les hommes sont ingrats, et que le moindre péril les détournera de vous. La crainte, quant à elle, est plus solide : parce qu'elle tient par la peur d'être puni, elle n'abandonnera pas vos sujets !

Appliquons ces nouveaux préceptes au prof, et demandons : fallait-il donc gentiment réclamer le silence après les premiers bourdonnements ? Fallait-il demander à ces chers petits de se taire avec gentillesse ? Certainement pas : à suivre Machiavel, il eut été bien plus judicieux de taper fort d'entrée de jeu, en sanctionnant sévèrement l'un des chahuteurs ; avec cette stratégie, soyez sûr que vous obtiendrez un silence absolu, et qu'il vous suffira de cligner des yeux pour faire disparaître le moindre balbutiement de bavardage...

Mais enfin, c'est injuste direz-vous, puisque du brouhaha, tous sont responsables. Oui, c'est injuste, c'est vrai. Immoral, même. Mais diablement efficace...

SAVOIR *mentir*

Ainsi, pour *paraître* généreux, il vaut mieux *être* avare. Pour *paraître* clément, il vaut mieux *être* craint, et pratiquer la sévérité. Bref, nous avons cerné au plus près l'essence même du machiavélisme : user de la ruse et contourner la morale pour parvenir à ses fins, en dissimulant bien sûr le tout à ses sujets. D'où l'importance, pour le prince, de maîtriser l'art de mentir et de dissimuler !

Machiavel en a bien conscience, car il aborde au chapitre 18 le sujet titré : « Comment les princes doivent tenir leur parole. »

On le voit venir : tenir sa parole pour un prince ? Quelle naïveté !

Et, de fait, voici ce qu'on lit :

> « » Chacun comprend combien il est louable pour un prince d'être fidèle à sa parole et d'agir toujours franchement et sans artifice. De notre temps, néanmoins, nous avons vu de grandes choses exécutées par des princes qui faisaient peu de cas de cette fidélité et qui savaient en imposer aux hommes par la ruse. Nous avons vu ces princes l'emporter enfin sur ceux qui prenaient la loyauté pour base de toute leur conduite.

Apprendre à ne pas être loyal. Comme si l'homme politique, le vrai, devait savoir mentir... Vous êtes très surpris, on vous comprend, mais c'est pourtant ce que Machiavel ose soutenir.

ÊTRE UN LION, *et un renard*

Nous en venons maintenant à ce qui nous intéresse tout particulièrement. Machiavel propose en effet une comparaison, une image pour résumer tout son propos :

> « » On peut combattre de deux manières : ou avec les lois, ou avec la force. La première est propre à l'homme, la seconde est celle des bêtes ; mais comme souvent celle-là ne suffit point, on est obligé de recourir à l'autre : il faut donc qu'un prince sache agir à propos, et en bête et en homme.

Le prince doit agir « et en bête et en homme ». Va pour l'homme. Mais de quelle bête s'agit-il ?

« » Le prince, devant donc agir en bête, tâchera d'être tout à la fois renard et lion : car s'il n'est que lion, il n'apercevra point les pièges ; s'il est renard, il ne se défendra point contre les loups ; et il a également besoin d'être renard pour connaître les pièges, et lion pour épouvanter les loups.

Être un lion et un renard... Le lion, pour la force, et le renard, pour la ruse... Voici qui résume l'essentiel de notre manuel de l'apprenti dirigeant/enseignant !

Tremblez, élèves...

Chapitre 8
Biber et Bieber

Pourquoi avez-vous honte d'avouer que vous aimez Justin Bieber ?

« La principale fonction de l'art est d'ordre social. » Bourdieu

Il semblait pourtant que vous aviez bien fait les choses. D'abord l'arrivée, avec dix minutes de retard précisément ; il ne faudrait quand même pas que vous passiez pour un sans-ami. Une bouteille de vin en offrande (pas de champagne, ça laisserait supposer que celui qu'on vous servira n'est pas de bonne qualité) et, bien sûr, vous avez laissé votre parapluie dehors.

Quant au look, il a fallu travailler un peu, pour un style mi-classe, mi-relax, argument des baskets blanches en pointe, mais customisées pour l'occasion, c'est-à-dire ni trop propres ni trop sales, parce que vous êtes quelqu'un de classe, mais quelqu'un de cool – comme tous vos clones ici apparemment.

À table, on apporte une bouteille de rosé. Ça vous étonne, parce que vous pensiez que le rosé n'était réservé qu'aux gens comme vous, c'est-à-dire aux autres ; et puis vous réfléchissez, et finissez par vous rappeler que n'êtes décidément pas à la page, puisque le rosé, c'est vrai, *était* connoté camping et piscine, mais que *maintenant*, c'est redevenu branché, comme le camping, d'ailleurs, ou plutôt la yourte, qui n'est pas vraiment du camping, mais quand même si, parce qu'on est proche de la nature. Et ça, vous l'aviez révisé. Reste que vous l'avez échappé belle, vous retenant de rappeler vos barbecues de cet été, joyeuses ribotes.

Le plat arrive et c'est la surprise : chouette, des spaghettis !

Enfin, des spaghettis… d'un genre un peu spécial ! Qui ne ressemblent pas beaucoup aux vôtres : le cuisinier, ici, doit être quelqu'un comme un artiste, un virtuose de la *pasta* injustement méconnu !

« Taglioni al nero di seppia con scaglie di tartufo bianco », clame-t-on solennellement. *Ma* ! Ça en jette ! L'envie, quasi irrépressible, vous prend de photographier votre entrée dans la mondanité. Mais fort heureusement, vous croisez les yeux d'un complice bienveillant qui vous font ranger l'arme du crime ; celui-ci manque à peine de s'étouffer quand il vous voit prendre un couteau, ce qui vous fait songer qu'on ne coupe pas ses spaghettis, que c'est mal vu, qu'il vaut bien mieux les enrouler, avec une cuillère peut-être, et que ce ne sont décidément pas des spaghettis, mais bien plus ; encore une fois, vous l'avez échappé belle…

Jusqu'ici, donc, tout va bien, et personne ne vous a démasqué. N'empêche, un problème surgit, qui vous angoisse pas mal : une discussion s'est engagée, et vous êtes de plus en plus transparent. Vous n'êtes pourtant pas mal au Trivial Pursuit, mais là, ça vous dépasse. Le sujet ? La littérature. Pire : ça tourne à la poésie. Vous ignorez la versification tchèque contemporaine ? Pas eux, et c'est un tour de table qui s'engage. La pression monte, il vous faut une échappatoire, et vous ne trouvez pas mieux que de fuir aux toilettes.

Vous revenez cinq minutes plus tard et constatez que le thème a changé : on cause musique. Mais de qui, précisément ? Vous ne pourrez pas sauter votre tour cette fois-ci, et tâchez donc de discerner ; c'est le moment de vous rappeler, angoissé, que vous n'avez jamais mis les pieds dans un opéra.

Stupéfaction. Vous n'en croyez pas vos oreilles et avez pourtant bien entendu : « Bieber ». Bieber ? Les types parlent de Justin Bieber ! Et mieux encore, ils ont l'air d'apprécier ! C'est qu'on est à la maison, ici ! Adieu, l'angoisse ! Vous prenez la parole, tout excité : « Bieber ? J'adore Bieber ! Un artiste, les amis, un artiste ! J'écoute *Love Yourself* en boucle depuis deux ans ! »

Silence de mort. Votre complice est interloqué et n'ose même plus vous regarder. Quant à vous, vous ne comprenez pas. Vous osez pourtant : « Quoi, c'est pas bien *Love Yourself* ? »

L'un des convives se décide à répliquer : « Nous parlons, mon ami, d'Heinrich Biber, compositeur autrichien du XVIIIe siècle. De qui parlez-vous donc ? »

Si vous aviez pu disparaître, vous anéantir, vous l'auriez fait à ce moment-là. Malheureusement, ça ne se fait pas dans les dîners mondains.

QUE S'EST-IL DONC *passé ?*

Avez-vous eu honte d'avouer que vous aimiez Justin Bieber ? Apparemment, oui.

C'est qu'en pareil endroit, vous avez pressenti qu'afficher vos goûts, c'était en dire plus que vous ne le vouliez : en exposant vos préférences musicales, vous avez fait tomber le masque. Vous pensiez bien faire bonne impression, et c'est visiblement raté : voilà qu'on vous prend pour un plouc.

Un plouc, en effet. Car vous n'avez clairement pas été au niveau : contrairement à vous, vos convives, eux, ont du goût ; du moins est-ce ce qu'ils vous suggèrent, indirectement, par leur mépris. Vous semblez prendre conscience d'un nouveau problème, qui vous met de suite sur la touche : vous ne savez visiblement pas distinguer ce qui est beau, *vraiment beau* ; vous prenez du plaisir à gesticuler devant le « Bieb », mais on vous renvoie votre incompétence en matière musicale.

Ce que révèle ce camouflet est donc que le goût, le vrai, existe ; qu'il y a comme un *bon goût*, une *norme du goût*, des œuvres autorisées, consacrées, et d'autres qui ne le sont pas.

Et que vous, vous manquez clairement de finesse : ce que vous tenez pour *satisfaisant* ne l'est pas vraiment, ou l'est seulement pour ceux qui manquent d'oreille(s). Les petites mélodies qui vous font frétiller ne valent rien à côté de la *vraie* musique ; vos amis, satisfaits d'écouter de *vrais artistes*, en sont convaincus.

Or, le problème c'est qu'ils ont, semble-t-il, Emmanuel Kant – encore lui – de leur côté (ce qui est toujours un peu embêtant). En effet, regardons la définition que propose ce dernier de la beauté, dans la *Critique de la faculté de juger* de 1790 : « Le beau est ce qui plaît universellement sans concept. »

Plutôt obscur ? Vous ne voyez pas le rapport avec vos amis ? Analysons cette définition, en la décomposant.

KANT : « LE BEAU EST *ce qui plaît* »

Dire que le beau est ce qui plaît, c'est dire que le jugement de goût (« c'est beau ») est un *jugement de valeur*, c'est-à-dire autre chose qu'un *jugement de connaissance*. La différence est la suivante :

- Un jugement de connaissance est un jugement qui m'apprend quelque chose de l'objet dont je parle. Il y aura jugement de connaissance si je dis, par exemple : « Cet opéra s'intitule *La Flûte enchantée*, et fut composé par Mozart. » On comprend ici que le jugement de connaissance est *objectif*, c'est-à-dire indépendant, quant à son contenu, de la personne qui le prononce !
- Un jugement de valeur est, quant à lui, un jugement qui ne m'apprend rien de l'objet dont je parle. Si je dis : « Cet opéra est beau », c'est en réalité... *de moi* que je parle ; j'exprime un ressenti, c'est-à-dire le fait que cette musique *me* procure un certain plaisir !

À la différence d'un jugement de connaissance, le jugement de goût comporte donc une part irréductible de *subjectivité*, puisqu'il se fonde sur ce que je ressens devant le spectacle de l'œuvre. Affirmer, donc, que le beau est « ce qui plaît », c'est souligner le fait que le jugement de goût se fonde, ultimement, sur un sentiment.

Mais alors, le jugement de goût, parce qu'il est subjectif, ne devrait-il pas être aussi relatif, c'est-à-dire, en somme, n'avoir de valeur que pour moi ? Ne devrait-on pas admettre à bon droit qu'en matière d'esthétique, c'est « à chacun son goût » ? La logique exigerait, en tout cas, que telles soient les choses. Mais alors, pourquoi le mépris de nos chers convives ?

C'est ce qu'explique la suite de la définition kantienne !

KANT : « LE BEAU EST *ce qui plaît universellement* »

En effet, si Kant écrit que le beau est *ce qui plaît*, il ajoute qu'il est ce qui plaît *universellement*, c'est-à-dire pour tout le monde, en tout temps et en tout lieu. Tout se passe donc comme si, contrairement à ce que nous venons de supposer, il devait exister une beauté universelle et objective ! Mais alors, le jugement de goût aurait-il ceci de paradoxal qu'il serait à la fois subjectif ET objectif ?

C'est précisément l'idée que va défendre Kant, en distinguant le *beau* et le *bon* :

Le bon, l'agréable, est, comme le beau, un jugement subjectif : « Je trouve que ce vin est bon. » Mais le jugement « c'est bon » comporte ceci d'intéressant qu'il ne nous viendrait pas à l'idée, si notre voisin ne trouvait pas ce vin à son goût, de le lui reprocher ! Autrement dit, nous consentons à ce que ce jugement qui porte sur *l'agréable* soit restreint à notre propre personne, c'est-à-dire qu'il soit relatif – ici, point de mépris possible :

> Ce serait folie que de discuter à ce propos, afin de réputer erroné le jugement d'autrui, qui diffère du nôtre, comme s'il lui était logiquement opposé ; le principe : « À chacun son goût » (s'agissant des sens) est un principe valable pour ce qui est agréable.

Très bien : cela fera toujours plus de vin pour vous. Mais en va-t-il de même pour le beau ?

> Il en va tout autrement du beau. Il serait (tout juste à l'inverse) ridicule que quelqu'un, s'imaginant avoir du goût, songe en faire la preuve en déclarant : cet objet [...] est beau pour moi. Car il ne doit pas appeler beau ce qui ne plaît qu'à lui. [...] Lorsqu'il dit qu'une chose est belle, il attribue aux autres la même satisfaction ; il ne juge pas seulement pour lui, mais pour autrui et parle alors de la beauté comme si elle était une propriété des choses.

À la différence, donc, de ce qui se joue pour l'agréable, le jugement de goût est un jugement qui, quoique subjectif, *n'est pas relatif* ! C'est qu'en effet, tout se passe comme si nous attribuions spontanément le *même ressenti* aux autres ; bref, comme si nous supposions que les autres éprouvaient nécessairement la même satisfaction que nous devant l'œuvre !

Ce qui revient à dire qu'une beauté objective doit exister, qui nous mette tous d'accord.

Mais alors, pourquoi cette diversité des goûts en matière d'art ? Comment concilier l'idée qu'une beauté objective existe et que les goûts soient relatifs ? Tout simplement parce que certains ont naturellement du goût, et d'autres pas !

Vous n'êtes pas sensible à la musique autrichienne du XVIIIe siècle ? Vous êtes un pétrousquin.

Et c'est bien ce qui se joue dans notre situation : vous êtes étonné de ce que les autres ne partagent pas votre amour pour le « Bieb », et eux, en retour, sont étonnés de vous voir sautiller pour un tel chanteur. Qui a raison ? Qui détient vraiment le sens du beau ? Soit eux, soit vous. Or, la scène finale, qui vous a fait sentir ridicule, suffit à trancher : c'est eux. C'est eux qui sont qualifiés pour déterminer ce qui est beau et ce qui ne l'est pas, tout simplement parce qu'ils ont *plus de goût*.

Mais ce n'est pas tout, car un deuxième paradoxe surgit.

KANT : « LE BEAU EST CE QUI PLAÎT UNIVERSELLEMENT *sans concept.* »

En effet, que se passera-t-il lorsque votre voisin restera insensible devant le spectacle d'une œuvre qui, à vous, procurera un infini plaisir ? Vous serez d'abord étonné, voire choqué. Mais peut-être aussi déciderez-vous de ne pas en rester là : aussi entendrez-vous rectifier le tir, en entreprenant de démontrer aux autres la beauté de l'œuvre. Mais y parviendrez-vous ?

Kant, lui, soutient fermement qu'« on ne peut démontrer à autrui la beauté d'une œuvre d'art », précisément parce que le beau est « sans concept ».

Qu'est-ce à dire ? Qu'encore une fois, le jugement de goût n'est pas un jugement de connaissance ! Je peux toujours, en effet, invoquer les raisons qui me permettront de fonder ce que j'affirme sur le plan théorique. Mais en ce qui concerne le jugement de goût, cela est… impossible ! Les arguments me manqueront toujours, lorsque je voudrai prouver à autrui que l'œuvre est belle ;

le beau ne se laisse pas élucider, puisqu'il se fonde en dernière instance sur un ressenti.

BILAN :
vous manquez de goût

À ce stade de l'explication, nous comprenons donc ce que veut dire Kant quand il définit le beau comme « ce qui plaît universellement sans concept ».

- Il est *ce qui plaît*, car il me procure une satisfaction, un plaisir.
- Il est ce qui plaît *universellement*, car la satisfaction ressentie subjectivement prétend à l'universalité : « Quoi, vous n'aimez pas Heinrich Biber ? »
- Il est ce qui plaît universellement *sans concept*, car il m'est impossible de justifier mon jugement par des raisons qui permettraient d'emporter l'adhésion d'autrui !

Bilan : votre goût est corrompu, vous êtes un rustre, peu qualifié pour juger de la valeur réelle d'une œuvre.

Toutefois, les choses sont-elles si simples ? Existe-t-il vraiment un *bon* goût, universel, dont certains disposeraient par nature, et qui doive faire passer pour des rustres ceux qui ne le partagent pas ? Les œuvres d'art qui sont qualifiées de « chefs d'œuvre » sont-elles *vraiment* plus belles que les autres ?

Le sociologue Pierre Bourdieu s'est penché sur la question et, réfléchissant à la définition kantienne, a compris que nos convives, prétendant disposer du bon goût, ne manquaient quand même pas d'air.

BOURDIEU : L'UNIVERSALISATION KANTIENNE

du goût en question

C'est en effet à critiquer Kant que, dans ses *Méditations pascaliennes*, le sociologue s'attache. Le texte ci-dessous démontre que, contrairement à ce qu'on a vu, l'universalité du goût serait en fait… une fausse universalité. Plus précisément encore, selon Bourdieu, ce qui passe pour être la *norme du goût* (le goût objectif, le vrai goût, celui qui devrait être universel) ne se révèle être, en réalité, que le goût d'une certaine classe sociale, qui s'arroge le droit de déterminer, une fois pour toutes, ce qui est beau :

> « » Le plaisir esthétique, ce « plaisir pur qui doit pouvoir être éprouvé par tout homme », comme dit Kant, est le privilège de ceux qui ont accès aux conditions dans lesquelles la disposition dite « pure » peut se constituer.

Le plaisir esthétique, le vrai jugement de goût, donc, *privilège* de ceux qui bénéficient de conditions particulières ? Oui, car selon Bourdieu :

> « » La propension à rechercher et à éprouver de la délectation esthétique devant des objets consacrés comme des œuvres d'art par leur exposition dans ces espaces […] que l'on appelle musées, n'a rien de naturel ni d'universel. Étant le produit de conditions particulières, cette inclination est en fait le monopole de quelques privilégiés.

Le fait d'aimer l'art, le vrai, et d'avoir, donc, *bon goût* n'aurait absolument rien de de naturel ; cela ne renverrait en rien au fait d'être doué d'une sensibilité particulière. Mais pourtant, n'est-ce pas parce que certains ont un penchant naturel pour l'art qu'ils vont plus au cinéma, plus au théâtre, plus à l'opéra, et qu'ils aiment plus Heinrich Biber que d'autres ? Certainement pas ! Et c'est tout l'enjeu du travail de Bourdieu que de le montrer.

BOURDIEU : LES GOÛTS SONT *socialement déterminés*

Bourdieu entend révéler quelque chose qui passe inaperçu, et que nous avons commencé d'entrevoir : nos goûts ne sont jamais naturels, spontanés, puisqu'ils sont *socialement déterminés* ; dit autrement, ces derniers ne sont pas, comme on le croit, *librement choisis*, mais sont bien l'effet de différents facteurs – qui passent inaperçus !

Voici un exemple (la liste est non exhaustive) de ce que peuvent être ces différents facteurs :

- L'âge. Oui, ça compte ! Certaines pratiques, en effet, se retrouvent plus fréquemment chez les jeunes, qui ont des activités plus collectives, et plus souvent tournées vers les sorties. Aussi les statistiques montrent-elles que la fréquentation des cinémas décroît, tendanciellement, avec l'âge.
- Le capital culturel de votre famille. Il est plus facile d'aimer la littérature si, dans votre enfance, vous entendiez parler de Dostoïevski à table...
- Le revenu. Voilà une chose que l'on oublie un peu trop rapidement : l'accès à la culture a son prix. Souhaitez-vous emmener votre famille au cinéma ou au théâtre ? Puissiez-vous ne pas être trop nombreux, pour réitérez l'opération quand il vous chante ! Quant à l'opéra, n'en parlons-pas...
- Le lieu de domiciliation. Ou plutôt si, parlons-en de l'opéra. Car l'une des raisons qui fait que vous n'y êtes jamais – ou presque jamais – allé réside peut-être en ceci qu'un opéra, il n'y en a peut-être pas autour de chez vous. La thèse est bien connue :

certains territoires sont de véritables déserts culturels ! Difficile d'aimer l'opéra, ou même le théâtre, s'il n'en existe pas un à moins de cent kilomètres ! Plus facile, vous en conviendrez, si l'on habite à Paris.

Bref, l'amour de l'art est socialement déterminé, puisqu'il est d'abord l'effet, selon Bourdieu, de votre position sociale. Or, de tout cela va résulter quelque chose d'assez inattendu. Voyez la suite.

L'HABITUS : UNE CONTRAINTE SOCIALE INTÉRIORISÉE QUI PASSE *pour une simple affaire de goût !*

C'est que – et c'est tout le problème – les individus ne prennent pas conscience, comme on pourrait se l'imaginer, du fait que leur rapport à l'art est déterminé. Bien au contraire, prétend Bourdieu, ces derniers vont *intérioriser ces dispositions*, au point de faire passer ce qui est socialement déterminé… pour un choix libre, c'est-à-dire une pratique, une tendance naturelle ! C'est la définition de ce que Bourdieu nomme un habitus : un comportement qui, plutôt que d'être librement choisi comme il apparaît d'abord, est en réalité le produit d'une contrainte sociale – mais que l'on a incorporée. Et cet habitus, dans le cas qui nous occupe, va donner lieu à deux attitudes :

1. De la part de ceux qui ne bénéficient pas des conditions leur permettant d'accéder à l'art : ces derniers prétendront n'avoir aucun goût pour une « grande culture » qui n'est pas pour eux, considérant ne disposer d'aucun penchant naturel, par exemple, pour la musique classique !

2. De la part de ceux qui bénéficient des conditions leur permettant d'accéder à l'art : ces derniers considéreront qu'ils ont un penchant naturel pour la « grande culture », et s'adonneront donc à certaines pratiques, qui leur apparaîtront comme allant de soi : il apparaîtra naturel, pour un certain milieu, de ne pas aller visiter une ville sans en fréquenter le musée ; il apparaîtra naturel, pour un certain milieu, que l'on aime la musique « classique », et que Heinrich Biber soit à l'honneur. Oui, tout cela apparaît naturel. À tel point d'ailleurs que les classes privilégiées universaliseront leur goût de manière indue, faisant passer ce dernier pour la norme du goût, c'est-à-dire le goût objectif :

> « » L'universalisation du cas particulier qu'elle [la classe dominante] opère en oubliant ses propres conditions historiques de possibilité, c'est-à-dire ses propres limites, a pour effet de constituer une expérience particulière de l'œuvre d'art [...] en norme universelle de toute expérience possible.

L'universalité kantienne du goût serait donc une fausse universalité, produite par la généralisation abusive d'un cas particulier, qui tend à oublier son statut... de cas particulier, c'est-à-dire privilégié !

Et Bourdieu de démontrer que le goût dominant, la norme du goût, n'est jamais que le goût de la classe dominante...

Soit, mais il y a encore plus problématique. Car s'il va de soi que Biber soit à l'honneur chez certains, il va également de soi que, chez les mêmes, Bieber ne le soit pas. Pas du tout même ; preuve en est le mépris dont vous avez été l'objet, en revenant des toilettes. C'est que nous touchons là du doigt une autre dimension de notre rapport à l'art : sa *fonction distinctive*.

L'ART, FACTEUR *de distinction sociale*

Car il ne suffit pas de dire que nos goûts sont socialement déterminés : il faut aussi voir que les pratiques culturelles s'inscrivent au cœur d'une lutte pour la domination.

Éclaircissons : les classes sociales dominantes ont à cœur d'asseoir leur domination ; de la pérenniser, en somme. Ce qui passe par le désir et la nécessité évidents de la manifester ! Or, comment montrer aux autres que vous en êtes, c'est-à-dire que vous vous distinguez d'eux socialement ?

Première solution, évidente, basique, efficace : afficher, aux yeux de tous, son capital économique. « Regardez ma voiture, comme elle est chère ! Euh, pardon, belle ! »

Il s'agit simplement, ici, de montrer sa puissance économique. Utile, mais peut-être un peu vulgaire ; trop « nouveau riche », en fait.

Alors, faisons autrement : plutôt que d'afficher son capital économique si grossièrement, affichons-le de manière plus discrète, plus noble, plus implicite... en affichant son capital culturel !

Car telle est bien, selon notre sociologue, la principale fonction de l'art : celle de nous distinguer socialement. Et vous le découvrez à vos dépens : en déclarant votre amour pour le « Bieb », vous avez signifié que vous aviez les mêmes goûts que les autres, c'est-à-dire le peuple, c'est-à-dire le vulgaire ; indirectement (voir notre chapitre sur le mimétisme du désir !), vous avez donc montré que vous n'étiez pas des leurs, comme vous avez manqué de le faire en rappelant vos barbecues, ou en coupant vos spaghettis ; pardon, vos *taglioni*.

UNE CRITIQUE DE BOURDIEU, *pour finir*

Tout cela, bien sûr, est très intéressant, et s'avère particulièrement éclairant pour définir, par exemple, le *snobisme mondain*. Mais le problème est qu'une telle critique ne peut manquer d'aboutir à une conclusion assez terrible pour l'art : si le bon goût, la norme du goût, n'est en fait que le goût de la classe dominante, la norme du goût existe-t-elle encore ?

On perçoit l'écueil : celui du relativisme esthétique, qui consiste à dire que le beau est relatif – ou encore, que la beauté objective n'existe pas.

Le cas des *Quatre saisons* de Vivaldi

L'histoire de la réception des *Quatre saisons* de Vivaldi en fournit un exemple assez frappant. On peut consulter, sur ce point, le sociologue Alain Beitone qui, dans *Les Pratiques culturelles : déterminisme et interaction*, écrit :

> *On a quelques raisons de douter d'un classement des œuvres reposant sur des critères esthétiques objectifs, lorsqu'on constate, par exemple, que la musique de Vivaldi (et en particulier les* Quatre saisons*) a été une découverte pour les milieux fortement dotés en capital culturel au lendemain de la Seconde Guerre mondiale, puis qu'elle s'est banalisée au point de servir de musique d'ambiance dans les supermarchés. Elle cesse alors d'être distinctive et est abandonnée par les milieux privilégiés. Elle est ensuite redécouverte par des chefs d'orchestre spécialisés dans la musique baroque qui proposent de nouvelles interprétations sur instruments anciens. Ainsi, le même morceau de musique a pu faire l'objet au cours du temps de jugements très différents.*

Mais alors, comment expliquerons-nous que certaines œuvres – celles qu'on appelle « classiques » – aient traversé les siècles ? Comment expliquerons-nous que, depuis toujours, les hommes considèrent Homère, Michel-Ange, Mozart, comme des maîtres ?

Il doit exister une beauté objective, sans quoi c'est l'art tout court qui disparaît, et l'on soutiendra à bon droit que tout se vaut.

Mais alors, que ferons-nous de la critique bourdieusienne ? De ce que les goûts sont socialement déterminés, faut-il en déduire qu'il faille faire le procès de la culture « classique » ? Ne préférera-t-on pas opter pour une démocratisation de la culture, qui ne pourra que passer par le meilleur conditionnement social, pour tous ?

Un élitisme pour tous, donc ? Mais s'agit-il vraiment, essentiellement, historiquement même, d'une culture d'élite ? Rappelons que ce qui passe pour élitiste aujourd'hui a souvent commencé par être « populaire » : le jazz, devenu si mondain parfois, tire son origine des chants d'esclaves ; Bach reprenait des canevas d'origine populaire ; et Mozart a fini dans une fosse commune…

Et si la culture de masse, infiniment rentable, nous avait privés de la culture populaire, en réservant du même coup celle-ci à l'élite ?

Chapitre 9
Petit lépidoptère

Sommes-nous de méchants consommateurs ?

« La vie que tu proposes, Socrate, est la vie d'une pierre. » Calliclès

Rêveries du promeneur solitaire, qui s'interrompent assez vite quand vous traversez la rue.

Car tout s'illumine lorsque vous la rencontrez. Il faut dire qu'elle n'est pas mal et que son style en impose. Belle, distinguée, raffinée, coquette : c'est évidemment celle qu'il vous faut. La grâce a frappé : finies, les recherches sur Internet ; finies, les heures perdues à errer sans but ; finis, les faux espoirs.

Oui, la grâce a frappé : vous n'y croyiez plus, et pourtant, les belles rencontres, celles qui se font dans la *vraie vie,* existent encore.

Première approche ; vous êtes troublé, mais décidé.

Et tout se passe pour le mieux. Sans l'avoir jamais voulu, vous l'avez même effleurée...

Petit lépidoptère, tu es douce comme de la soie.

Vous vous dites que c'est votre jour de chance et que vous ferez tout pour l'obtenir ; quelques jours plus tard, c'est une nouvelle histoire qui commence.

Vous êtes satisfait, avez – chance inouïe – trouvé celle qui vous manquait. Vous vous projetez déjà l'été, à pied, à cheval, en bateau : partout, vous serez avec elle.

Mais de précipitation, point trop : vous voulez faire monter la tension, attiser le désir. À la maison, vous jouez donc la distance ; le plaisir n'en sera que plus grand. Vous patientez...

Sauf que, très vite, le désir est trop fort. Vous succombez.

Mais le plaisir est éphémère. Car, rapidement, les questions surviennent, le doute s'installe. Et si vous vous étiez trompé ? Et si ce n'était pas la bonne ? Vous pensiez trouver celle qui vous manquait, mais vous avez raté.

Vous tentez pourtant de réactiver le désir, de faire comme si vous la redécouvriez chaque jour. Mais rien n'y fait, vous êtes déjà las... Comment avez-vous pu vous duper vous-même ?

Il faut l'avouer : vous pensiez à une autre, croisée il y a peu. Et qui est sur le point de vous faire craquer. Il faut dire qu'elles se ressemblent beaucoup, toutes les deux. Mais la nouvelle a ce petit truc en plus, indéfinissable, si fantasque. Et qui vous fait tant d'effet.

Vous voilà donc prêt pour un nouveau départ ! Et vous aboutissez bien vite. Une nouvelle histoire commence, vous êtes à nouveau plein d'espoir.

C'est l'heure des présentations, à votre mère, bien sûr, qui n'est qu'à moitié emballée. D'ailleurs, une idée lui trotte dans la tête : elle veut vous en présenter une autre et vous montre un cliché : « Te plaît-elle ? Elle est superbe ! »

Ça, oui, elle vous plaît : col italien, motif à fleurs qui tabasse, coupe ajustée, mais pas trop cintrée : ça vous rappellera votre passé de surfeur, à l'île d'Oléron.

Vous voilà donc en quête d'une troisième chemisette. Sera-t-elle la bonne ?

L'EXPÉRIENCE *du désir insatiable*

Éternel insatisfait ! Vous pensiez avoir trouvé la chemisette qu'il vous fallait et puis, dès que vous l'avez eue, il vous en a fallu une autre. Et c'est toujours la même histoire : une satisfaction éphémère, un plaisir, qui laisse place à l'ennui, puis à un nouveau désir.

De quoi souffrez-vous ? D'un problème bien commun : celui du caractère illimité du désir. Est-ce grave ?

Tout dépend. Car votre quête de la chemisette parfaite – comme celle de n'importe quel objet – a quand même ses raisons : elle repose en fait sur la conception que vous vous faites du bonheur. Cette conception est bien commune : vous pensez que vous seriez plus heureux si vous pouviez satisfaire tous vos désirs.

C'est donc l'occasion de vous présenter votre nouvel ami, le jeune sophiste Calliclès, grand adversaire de Socrate dans un dialogue de Platon, le *Gorgias* : comme vous allez le voir, des chemisettes, celui-ci ne se priverait pas d'en remplir sa commode.

Les dialogues de Platon

Les œuvres de Platon se présentent toujours sous forme de dialogues qui, la plupart du temps, mettent en scène Socrate (le maître de Platon) et un interlocuteur.

CALLICLÈS ET L'HÉDONISME RADICAL : ÊTRE HEUREUX, *c'est satisfaire tous ses désirs*

Calliclès interpelle Socrate et, à travers lui, tous ces philosophes qui prônent la tempérance (« tu as déjà une chemisette, pourquoi en acheter une autre, réjouis-toi de celle que tu as déjà »), la modération des désirs, le contrôle, pour trouver la tranquillité et le repos de l'âme ; ceux qui, pour reprendre des termes plus actuels, nous invitent à ne pas trop consommer – parce que la consommation, c'est l'aliénation, la servitude, le mal.

Ceux-là agacent beaucoup Calliclès. Pour preuve, voyez ses termes, quand il s'adresse à Socrate :

> « » Veux-tu savoir ce que sont le beau et le juste selon la nature ? Hé bien je vais te le dire franchement ! Voici, si on veut vivre comme il faut, on doit laisser aller ses propres passions, si grandes soient-elles, et ne pas les réprimer.

> Au contraire, il faut être capable de mettre son courage et son intelligence au service de si grandes passions et de les assouvir avec tout ce qu'elles peuvent désirer.

On lui reconnaîtra le mérite de la clarté : être heureux, pour ce dernier, consiste bel et bien à satisfaire tous ses désirs (nommés ici « passions ») voire, si l'on suit le texte, à tâcher de désirer le plus possible pour augmenter les chances de satisfaction ! Bref, pour notre jeune sophiste, une chose est sûre : on ne trouvera le bonheur que si l'on use de son « courage » et de son « intelligence » pour maximiser ses chances de plaisir ; Calliclès, en somme, est un hédoniste radical. Des chemisettes donc, vite et plein !

L'hédonisme

L'hédonisme (du grec *hédonê*, « le plaisir »), désigne l'idée selon laquelle le bonheur réside dans le plaisir.

Mais il y a plus, car le jeune sophiste n'entend pas en rester là. Car les philosophes qui lui reprochent son manque de sobriété l'empêchent vraiment de dormir...

MAIS DE SATISFAIRE SES DÉSIRS, TOUT LE MONDE *n'en a pas les moyens !*

Et d'abord parce que, dans l'injonction des sages à la frugalité, il y aurait selon lui... comme une arnaque. Éclaircissons cela.

On a dit que, pour Calliclès, le bonheur consistait dans la satisfaction de tous nos désirs. Mais celui-ci de remarquer juste après que : « Seulement, tout le monde n'est pas capable [...] de vivre comme cela. »

Pourquoi ? Eh bien parce que, pour satisfaire ses désirs, il faut des *moyens* (de l'argent, en premier lieu, mais également, on l'a vu, de la force et du courage). Or, ces moyens, bien sûr, tout le monde ne les a pas. Bien plus : c'est la plupart des gens, la masse du peuple, qui n'en dispose pas, puisque – rien de nouveau sous le soleil – seuls quelques privilégiés peuvent laisser libre cours à leurs passions ! Et c'est bien là ce que voit Calliclès, qui, plutôt que de le déplorer, va critiquer la réaction des plus faibles, en dénonçant leur jalousie !

L'ORIGINE DE LA MORALE SELON CALLICLÈS : *la jalousie des faibles*

Or, tout le problème, selon lui, vient de ce que la jalousie des faibles (des plus pauvres !) ne se manifestera jamais comme telle. Calliclès veut dénoncer un tour de passe-passe : les déshérités qui, encore une fois, ne peuvent pas satisfaire leurs désirs n'admettront jamais qu'ils *ne le peuvent pas*.

Ils vont donc ruser en prétendant qu'ils *ne le veulent pas* ! Autrement dit, ces derniers affirmeront que Calliclès se trompe quant à sa conception du bonheur, puisque le vrai bonheur, la vraie béatitude, réside bien plutôt dans la tempérance et la modération des désirs.

C'est exactement ce qu'indique le sophiste dans la suite du texte :

> C'est pourquoi la masse des gens blâme les hommes qui vivent ainsi [= en satisfaisant tous leurs désirs], gênée qu'elle est de devoir dissimuler sa propre incapacité à le faire. La masse déclare donc bien haut que le dérèglement – j'en ai déjà parlé – est une vilaine chose.

Et le tour est joué ! Les faibles font passer une situation qu'ils subissent pour une situation librement choisie : plutôt que d'admettre leur position d'infériorité, les voilà qui se proclament supérieurs au nom d'une conception du bonheur... bien plus adéquate à leur situation.

Les faibles font donc de nécessité vertu : ils font passer une *contrainte* pour une *obligation*. Et se donnent ainsi la possibilité de condamner les forts, en leur reprochant leur manque de morale !

La distinction entre contrainte et obligation

Il importe de bien distinguer la contrainte de l'obligation.

La contrainte renvoie à l'idée de nécessité physique : être contraint, c'est ne pas avoir le choix de faire ce que l'on fait (par exemple : je suis contraint de manger pour vivre).

L'obligation, quant à elle, repose sur la liberté : être obligé, c'est faire quelque chose tout en ayant le choix de ne pas le faire (par exemple, je suis obligé de respecter un stop).

Les faibles, en faisant passer une contrainte pour une obligation, font passer une situation qu'ils subissent sans en avoir le choix pour une situation qu'ils ont librement choisie, s'attribuant ainsi le mérite de leur position !

CALLICLÈS DÉNONCE UNE MORALE *inventée de toutes pièces*

Et ça fonctionne ! Car les forts se trouvent entravés dans leur quête de jouissance, qu'ils ne peuvent accomplir sans subir quelque reproche moral.

C'est précisément ce que dénonce Calliclès :

> « » C'est ainsi qu'elle [la masse des faibles] réduit à l'état d'esclaves les hommes dotés d'une plus forte nature que celle des hommes de la masse ; et ces derniers, qui sont eux-mêmes incapables de se procurer les plaisirs qui les combleraient, font la louange de la tempérance et de la justice à cause du manque de courage de leur âme. Car, bien sûr, pour tous les hommes qui, dès le départ, se trouvent dans la situation d'exercer le pouvoir, qu'ils soient nés fils de rois ou que la force de leur nature les ait rendus capables de s'emparer du pouvoir – que ce soit le pouvoir d'un seul homme ou celui d'un groupe d'individus –, oui, pour ces hommes-là, qu'est-ce qui serait plus vilain et plus mauvais que la tempérance et la justice ?

Terrible renversement des valeurs, qui permet de comprendre l'origine de la morale : les vertus de tempérance, de modération, de sobriété, masquent, derrière leur apparence de pureté, une origine impure : la jalousie (le philosophe Nietzsche écrira, au XIXe siècle, le « ressentiment ») des faibles, de ceux qui ne disposent pas de la force suffisante pour prendre le dessus sur les forts.

Alors, ils inventent une vengeance imaginaire, et diablement efficace : forcer les forts à se comporter comme des faibles, non pas par la contrainte (ils en sont incapables, tout faibles qu'ils sont), mais par, encore une fois, *l'obligation morale* ! Ainsi, c'est d'eux-mêmes que les forts renonceront à s'acheter des chemisettes.

Et Calliclès, qui trouve cela insupportable, le rappelle à Socrate et à toute sa clique de philosophes :

> « » Écoute, Socrate, tu prétends que tu poursuis la vérité, eh bien, voici la vérité : si la facilité de la vie, le dérèglement, la liberté de faire ce qu'on veut, demeurent dans l'impunité, ils font la vertu et le bonheur ! Tout le reste, ce ne sont que des manières, des conventions, faites par les hommes, à l'encontre de la nature. Rien que des paroles en l'air, qui ne valent rien !

La discussion est donc pour le moins tendue. Socrate parviendra-t-il à rétorquer ?

LA RÉPLIQUE DE SOCRATE : *L'objection des tonneaux percés*

Il faut quand même rappeler que la répartie, Socrate, ça lui connaît. Pour preuve, le débat avec Calliclès fait suite à celui que, dans le même livre, le philosophe a d'abord mené contre le sophiste Gorgias, puis contre Polos. Et le moins que l'on puisse dire, c'est qu'il leur a cloué le bec en réussissant à démontrer – tenez-vous bien ! – qu'« il valait mieux subir l'injustice que de la commettre ».

Soit, mais face à Calliclès, la difficulté est autre. L'adversaire est plein de fougue, parfois menaçant.

Il faudra donc être malin, et Socrate de proposer une image pour amorcer la réfutation. Cette image, on va le voir, vise à comparer deux genres de vie :

1. La vie de l'homme sage et tempéré, qui modère ses désirs.

2. La vie de l'homme intempérant, que Calliclès entend réhabiliter.

Voyons quelle est cette image :

> « » Suppose qu'il y ait deux hommes qui possèdent, chacun, un grand nombre de tonneaux. Les tonneaux de l'un sont sains, remplis de vin, de miel, de lait, et cet homme a encore bien d'autres tonneaux remplis de toutes sortes de choses. Chaque tonneau est donc plein de ces denrées liquides qui sont rares, difficiles à recueillir et qu'on n'obtient qu'au terme de maints travaux pénibles. Mais, au moins, une fois que cet homme a rempli ses tonneaux, il n'a plus à y reverser quoi que ce soit ni à s'occuper d'eux ; au contraire, quand il pense à ses tonneaux, il est tranquille. L'autre homme, quant à lui, serait aussi capable de se procurer ce genre de denrées, même si elles sont difficiles à recueillir, mais comme ses récipients sont percés et fêlés, il serait forcé de les remplir sans cesse, jour et nuit, en s'infligeant les plus pénibles peines.

1. La vie de l'homme aux tonneaux remplis, image de la tranquillité. On peut comparer, affirme Socrate, la vie de l'homme tempéré à celle d'un homme qui posséderait des tonneaux pleins, remplis de liqueurs précieuses et acquises avec peine. L'image, ici, est parlante : on imagine cet homme serein, satisfait, comblé – très content de l'achat de sa seule et unique chemisette.

   L'exemple du tonneau plein, donc, illustre la sérénité du sage.

2. La vie de l'homme aux tonneaux percés, image de la servitude. Mais pour ce qui est de l'homme déréglé (Calliclès), les choses sont différentes : celui qui cherche à satisfaire tous ses désirs vit comme un homme qui chercherait à remplir un tonneau... percé ! Et pourquoi ? Précisément parce qu'il est incapable de contenir un désir qui, par nature, est insatiable ! Vous désirez une chemisette, mais dès que vous l'avez, il vous en faut une autre. Ainsi l'image des tonneaux percés permet-elle à Socrate d'illustrer ce qui, à ses yeux, constitue l'erreur de Calliclès : contrairement aux apparences, la vie du fort est une vie... d'*intranquillité*, d'inquiétude toujours renouvelée, de servitude même, et la prétendue force du fort ne se révélerait être, en réalité, qu'une faiblesse.

   L'exemple du tonneau percé illustre, donc, le souci constant de l'intempérant.

Et vous, que préféreriez-vous ? La vie de l'homme au tonneau plein ou celle de l'homme au tonneau percé ?

Socrate, plutôt taquin, pose la question à Calliclès :

> « » Alors, regarde bien, si ces deux hommes représentent chacun une manière de vivre, de laquelle des deux dis-tu qu'elle est la plus heureuse ? Est-ce la vie de l'homme déréglé ou celle de l'homme tempérant ? En te racontant cela, est-ce que je te convaincs d'admettre que la vie tempérante vaut mieux que la vie déréglée ? Est-ce que je ne te convaincs pas ?

Alors, Calliclès, es-tu convaincu ? Admets-tu que ton genre de vie n'est pas le bon ? Qu'il te voue au malheur ?

Nous allons voir que sa réponse est pour le moins... surprenante !

LA RÉPONSE DE CALLICLÈS : L'HOMME AUX TONNEAUX PLEINS

« *vit comme une pierre* »

Parce qu'on attendrait, face à une telle alternative, que le jeune sophiste en vienne à réviser ses positions. Mais celui-ci n'a pas dit son dernier mot. Voyez plutôt :

> Tu ne me convaincs pas, Socrate. Car l'homme dont tu parles, celui qui a fait le plein en lui-même et en ses tonneaux, n'a aucun plaisir, il a exactement le type d'existence dont je parlais tout à l'heure : il vit comme une pierre. S'il a fait le plein, il n'éprouve plus ni joie ni peine. Au contraire, la vie de plaisirs est celle où on verse et on reverse autant qu'on peut dans son tonneau !

Et toc ! La réponse, pour inattendue qu'elle soit, est limpide ! Calliclès maintient son cap : celui de l'hédonisme radical.

Car à quoi ressemblera la vie de l'homme aux tonneaux pleins, c'est-à-dire la vie du sage ? À la vie d'un homme qui ne désire plus, qui n'a plus d'envies d'aucune sorte, puisqu'il est comblé ; bref, osons-le dire, à la vie d'un homme qui s'ennuie !

« Il vit comme une pierre », celui qui se tempère. Or, la vie d'une pierre, même avec une chemisette, n'est, pour sûr, pas très excitante. Et c'est bien ce que reproche Calliclès à Socrate : modérer ses désirs, se tempérer, c'est sombrer dans un ennui mortel...

L'ennui, nostalgie du désir ?

Curieux désir, qui nous fait souffrir quand il est là, et qui nous manque dès qu'il est apaisé...

Schopenhauer : le bonheur est impossible

Ce qui faisait dire à Schopenhauer, père du « pessimisme philosophique », que le bonheur est inaccessible à l'homme, car sa vie oscille, telle une horloge, « entre le désir et l'ennui »…

LE MANQUE ET LA FORCE, *ou l'ambiguïté du désir*

Et c'est toute l'ambiguïté du désir, qui est en jeu ici.

D'un côté, en effet, le désir est souffrance, parce que nous manquons de l'objet convoité. C'est la raison pour laquelle nous souhaitons le voir disparaître ; le plaisir ressenti lorsqu'il y a satisfaction prouve que nous avons intérêt à trouver satisfaction. C'est précisément sur cette dimension négative qu'insiste Socrate !

Ainsi la conception du bonheur évoquée par Socrate est-elle à rapprocher d'un état de *plénitude*, soit d'un état où l'on ne souffre plus, parce qu'on ne manque de rien. Et pour ne manquer de rien, il faut apprendre à désirer, non pas ce que l'on n'a pas, mais ce que l'on a déjà… Ce qui est tout un travail : « Changer ses désirs, plutôt que l'ordre du monde », écrivait Descartes, adoptant ici la posture du sage stoïcien.

Mais d'un autre côté, le désir est une force, une énergie qui met en mouvement : en effet, désirer, c'est déployer tout un trésor d'énergie, d'intelligence et d'imagination pour atteindre l'objet. En ce sens, le désir est positif, parce qu'il me permet de fuir l'ennui ! Et c'est sur cette dimension positive qu'insiste Calliclès : en focalisant notre attention, le désir permet, au sens propre, de se divertir, ce dont saura se souvenir un penseur comme Pascal.

N'est-ce pas là d'ailleurs la conception d'un Don Juan, qui proclame, dans la fameuse tirade de l'inconstance, que « tout le plaisir de l'amour est dans le changement » ? À ce compte, on ira jusqu'à penser que ce qui importe, dans le désir, est moins l'objet désiré, que le désir en lui-même... « Raison pour laquelle on aime mieux la chasse, que la prise », écrivait Pascal. Ici, le bonheur consistera donc moins à trouver la plénitude qu'à mener une vie intense...

Le divertissement pascalien

Pour Pascal, en effet, c'est moins l'objet du désir qui compte que le désir en lui-même, qui nous permet de ne pas penser à notre condition malheureuse. Ainsi, ce dernier écrit-il, dans ses *Pensées* : « Les hommes n'ayant pu guérir la mort, la misère, l'ignorance, ils se sont avisés, pour se rendre heureux, de n'y point penser. » De « n'y point penser », donc, en désirant toujours !

Mais alors, Calliclès a-t-il raison d'envoyer promener les vertus du sage ? Faites-vous bien d'acheter trois chemisettes quasi identiques ?

CRITIQUE *de la sobriété heureuse*

Si elles sont rigoureusement identiques, vous ne faites certainement pas bien. Pour le même prix, vous auriez tout aussi bien pu vous acheter un superbe cuiseur d'œuf Barbapapa.

Mais devez-vous culpabiliser pour autant, en vous reprochant d'être un méchant consommateur ?

Pas sûr. Car si nous n'étions – comme Calliclès, mais pour des raisons strictement opposées – pas d'accord avec l'injonction – très contemporaine – à la sobriété heureuse ?

Calliclès enracine la morale dans la jalousie des faibles, qui reprennent le dessus sur les forts *via* l'appel à la modération. Mais ne pourrait-on pas faire l'hypothèse inverse ? Ne pourrait-on pas supposer, en effet, que l'injonction à la sobriété heureuse ne vient pas des faibles, mais plutôt des forts ?

Ce serait faire le pari suivant : en temps de crise économique, l'injonction à se tempérer tombe à pic, quand vous n'avez de toute façon pas les moyens de vous acheter ce que vous désirez.

Vous souffrez de votre pouvoir d'achat, qui fait plutôt grise mine ? Pas grave : comprenez qu'être heureux, c'est se contenter de peu, et qu'il faut apprendre à se satisfaire de ce que l'on a déjà.

Alors, oui, consommer ne procure peut-être pas le bonheur. Mais ce qui est fort de café, c'est que ceux qui l'affirment consomment allègrement !

Chapitre 10
Rabachat

La philo, est-ce que c'est fait pour aller bien ?

« Des choses, les unes dépendent de nous, les autres non. » Épictète

Dans une vaste pièce, le bruit d'une horloge.

Tic, tac... Tic, tac... Vous êtes songeur, et croisez son regard...

La bataille s'engage...

Vous pensez à Edward A. Murphy Jr., un ingénieur aérospatial américain, père de la célèbre « loi de Murphy » selon laquelle « si quelque chose doit mal tourner, c'est ce qui se passera... ». La tartine beurrée, qui tombe forcément du mauvais côté, ça vous dit quelque chose ?

Et Murphy est un génie. La preuve : ça a commencé dès le petit-déjeuner, au moment du café, celui que vous aimez brûlant... mais que vous avez renversé sur votre nouvelle chemisette (à la mode).

Parti en retard, il a fallu que vous ayez eu du mal à retrouver vos clés. Vous êtes hors de vous.

Tic, tac... Qu'est-ce qu'il a à vous fixer, celui-là ?

Vous songez à cette fille qui vous plaisait tant : vous aviez toutes les cartes en main, et il a fallu que vous vous plantiez, en lui envoyant un message par erreur. C'est la désolation.... Peut-être l'obtiendrez-vous en rêve ?

Tic, tac... Vous ne baisserez pas les yeux !

Bien installé dans un fauteuil, vous vous remémorez ces derniers jours... qui furent un peu difficiles. Au travail, vous vous êtes fait humilier par de petits écoliers ; en soirée mondaine, vous êtes passé pour un plouc, et vos Stan Smith sentent un peu trop fort le singe. Ça vous irrite...

Tic, tac... Vous lancez votre regard de mauvais garçon...

Et le comble, dans tout ça, c'est qu'on vous a collé, à vous qui l'aviez déclaré si mignon, la garde d'un bébé – moche – pour les prochaines vacances.

« Tu es sûr que ça ne te dérange pas ? Que ça te fait plaisir ? »

Franchement les copains ? Bof, bof.

Mais vous n'avez pas osé dire la vérité.

Tic, tac... Ses yeux sont devenus noirs...

Vous vous dites que tous ces grands sages, les Kant, les Sartre, les Pascal, eux, au moins, auraient su prendre du recul. Oui, ils ne se seraient pas laissé abattre...

Ils auraient, dans tous ces événements, trouvé la sérénité, puisqu'ils sont philosophes, et que les philosophes, c'est bien connu, sont les rois de la sagesse, ces impassibles…

Manqueriez-vous de philosophie ?

Tic, tac… Il s'approche de vous, ne vous quitte pas des yeux. Vous êtes tendu, prêt à bondir, mais gardez votre calme…

Quand soudain, il s'assied, comme pour vous défier. Puis baisse les yeux ! Victoire !

Mais non, il voulait juste se lécher la patte. Avec une sérénité glaçante…

Vous vous dites que votre chat, lui, est un sacré philosophe…

LE PHILOSOPHE *sage*

Vous le supposez, oui, tant son détachement vous impressionne. C'est que pour l'opinion commune, en effet, la philosophie permettrait d'atteindre (conformément à ce qu'indique son étymologie, « l'amour de la sagesse ») la tranquillité, le calme et, disons-le, le bonheur. Bien plus, on se donne souvent du philosophe l'image d'un sage (avec la barbe, c'est encore mieux), soit d'un être impassible, d'un professionnel de l'ataraxie (la fameuse « tranquillité de l'âme »), réfugié dans sa tour d'ivoire, sans Netflix… Comme si le philosophe, avec son savoir, avait atteint la plénitude…

Pourquoi cette idée ? Car de sages philosophes, il y en eut. Au premier rang desquels on trouve Épictète, grand représentant d'un courant philosophique majeur de l'Antiquité : le stoïcisme.

Et l'on a bien, avec cet esclave romain du Ier siècle après Jésus-Christ, un modèle de quiétude.

Pour preuve, voyez cette anecdote, rapportée par Origène :

> Comme son maître lui tordait la jambe, lui souriant, disait sans émotion : – Tu vas la casser ; et quand la jambe fut cassée, il ajouta : – Ne te disais-je pas que tu allais la casser ?

Respect. L'homme est tellement *stoïque* qu'il n'a pas bronché. Quelle force d'âme ! Alors ce n'est certainement pas un rendez-vous manqué ou une bataille de regards – perdue – avec un chat qui l'aurait déstabilisé.

Il faut donc poser la question : la philosophie, science du bonheur ?

DEVENIR *stoïque*

C'est en tout cas ce qu'ont prétendu les stoïciens, en démontrant que le grand problème des hommes (ce qui les rend plutôt râleurs et mécontents), c'est leur incapacité *à bien se représenter les choses* ; leur incapacité, dit-on souvent, *à faire la part des choses*. Et l'on retrouve ici notre vision commune du philosophe : de celui qui sait faire la différence entre ce qui importe et ce qui n'importe pas ; du sage qui sait se modérer, se tempérer, et mettre de côté sa frustration, au nom de la futilité du désir.

Philosophie, promesse de bonheur : pour le sage, il faut travailler sur soi pour devenir libre et heureux. Comprenez, en somme, qu'il n'existe aucun obstacle en soi sur le chemin du bonheur ;

Non, aucun, car l'homme est lui-même responsable des obstacles qu'il rencontre...

« Le bonheur dépend de nous », telle était la leçon des stoïciens.

Voyez comme cette parole est actuelle, avec aujourd'hui, parfois, le bonheur en dix leçons : écho lointain du stoïcisme ? Lointain, très lointain, mais écho quand même. Alors, pour comprendre si la sagesse dit (vraiment) le dernier mot de la philo-*sophie*, il faut comprendre la philosophie stoïcienne, c'est-dire comprendre sa vision du monde. Et l'on pourra alors se demander en quel sens, aujourd'hui, nous manquons de philosophie.

LA PHYSIQUE *stoïcienne*

La clé du bonheur, pour les stoïciens, est la suivante : *il faut vivre en conformité avec la nature*. Ce qui signifie que, pour trouver la sérénité, il faut d'abord comprendre ce qu'est la nature ! C'est pourquoi les stoïciens attachaient une grande importance à la physique, qui constituait, avec la logique et l'éthique, une partie de la philosophie.

Première question, donc : comment les stoïciens se représentaient-ils le monde ? Réponse : comme un *cosmos*, c'est-à-dire comme un tout ordonné et harmonieux.

Comprenons donc que si le monde est un *cosmos*, on peut le voir comme un immense organisme, où chaque organe occupe une position différente, mais où chaque organe, du fait de sa position même, concourt au bon fonctionnement du tout. Bref, une place pour chaque chose, et chaque chose à sa place. Vision archaïque et dépassée ? Pas vraiment, si l'on parle, avec une certaine écologie, d'« équilibre naturel ».

Mais voici la conséquence, inéluctable : si chaque chose est à sa place, alors le cours des événements est forcément déterminé. En effet, si le monde est un *cosmos*, ce qui arrive devait arriver et ce qui doit arriver arrivera... Les hommes n'ont aucune prise sur le cours des choses, et les stoïciens sont partisans d'une pensée du destin.

Allons plus loin, en soulignant que ce grand organisme, pour les stoïciens, n'est autre que Dieu lui-même. Les stoïciens, en effet, sont *panthéistes*. Ils pensent que Dieu n'est pas *transcendant*, c'est-à-dire en dehors du monde, mais qu'il est, bien au contraire, *immanent*, partout présent, et que chaque être vivant (dont vous et moi) est une partie de Dieu. Dieu, c'est la nature ! Cela a pas mal de conséquences, dont la plus importante est la suivante : si le cours des choses est déterminé, et qu'il est en même temps divin, alors ce qui arrive est nécessairement juste, beau et bon ! Ce qu'on a quand même, disons-le franchement, du mal à avaler : comment expliquer que le cours des choses soit juste, au regard de tous les problèmes qu'on rencontre ?

Il faut comprendre quelque chose : en se focalisant sur nos petits problèmes, on oublie de regarder l'harmonie du tout, auquel ces petits défauts vont justement concourir, de la même manière que quelques tâches d'ombre sont nécessaires à une peinture, pour mieux en faire ressortir la beauté.

C'est ce que souligne à sa façon un autre stoïcien, l'empereur romain Marc Aurèle, dans ses *Pensées à soi-même* :

> « » Par exemple, lorsque le pain cuit, certaines parties se crevassent à sa surface ; et pourtant, ce sont précisément ces fissures qui, en quelques sortes, semblent avoir échappé aux intentions qui président à la confection du pain, ce sont ces fentes mêmes qui, en quelques sortes, nous plaisent et excitent notre appétit d'une manière si particulière.

Comprenez : le monde est une baguette de pain.

> « » Ou encore les figues : quand elles sont bien mûres, elles se fendillent. Et dans les olives mûres, c'est justement l'approche de la pourriture qui rehausse le fruit d'une beauté singulière. Et les épis courbés vers la terre, et le front plissé du lion et la bave qui file au groin du sanglier : ces choses et beaucoup d'autres encore, si on les considérait isolément et en elles-mêmes, seraient loin d'être belles.

Il ne faut donc pas s'arrêter aux défauts en eux-mêmes :

> « » Si quelqu'un possède l'expérience et la connaissance approfondie des phénomènes universels, il n'y aura presque pas un seul des phénomènes qui accompagnent par voie de conséquence les processus naturels, qui ne lui paraissent se présenter, sous un certain angle, d'une manière charmante.

C'est donc bien la conversion du regard qu'il faut viser, pour réussir à s'extasier de la beauté du monde, malgré l'aspect parfois peu ragoûtant des choses… Émerveillez-vous, tel est le premier pas vers la sagesse !

LA DISTINCTION CARDINALE *des stoïciens*

Mais quelque chose doit nous arrêter. Plus haut, nous avons vu que la sagesse stoïcienne, censée nous procurer la paix de l'âme et le bonheur, consistait à atteindre un haut degré de liberté.

Mais nous découvrons maintenant que le cours des choses, d'après nos philosophes, était rigoureusement déterminé ! Comment pourra-t-on donc être libre, si tout ce qui doit arriver arrivera ? Peut-on concilier l'idée de liberté avec celle de destin ?

Oui, pour les stoïciens, à condition de faire une distinction, *absolument capitale*. Citons Épictète le boiteux sur ce point :

> Des choses les unes dépendent de nous, les autres ne dépendent pas de nous. Ce qui dépend de nous, ce sont nos jugements, nos tendances, nos désirs, nos aversions, en un mot tout ce qui est opération de notre âme ; ce qui ne dépend pas de nous, c'est le corps, la fortune, les témoignages de considération, les charges publiques, en un mot tout ce qui n'est pas opération de notre âme.

Faire la distinction entre ce qui dépend de nous et ce qui n'en dépend pas : clé du bonheur ! Si l'on récapitule, on a donc le tableau suivant :

CE QUI NE DÉPEND PAS DE VOUS :	CE QUI DÉPEND DE VOUS :
Le cours des événements (bref, tout ce qui, tout aussi bien, vous concerne) : • votre santé ; • vous statut social, votre fortune ; • l'opinion que les autres ont de vous ; • votre vie sentimentale ; • etc.	*Vos jugements, désirs et aversions* : • votre jugement sur votre santé ; • votre jugement sur votre fortune ; • le jugement que vous portez sur le jugement que les autres ont de vous ; • la façon que vous avez de vivre un chagrin d'amour ; • etc.

DÉSIRER LES CHOSES
comme elles arrivent...

Bref, comme l'écrit Épictète, « ce qui trouble les hommes, ce ne sont pas les choses, ce sont les jugements qu'ils portent sur les choses ». Ce n'est donc pas la mort qu'il faut craindre… mais la crainte de la mort elle-même ! Or, et c'est la bonne nouvelle, il ne tient qu'à nous de ne plus craindre la mort, puisque nos désirs et nos aversions dépendent de nous seuls !

Autres exemples : on vous insulte, et cela vous blesse. Vous pensez que c'est l'auteur de l'insulte qui vous a blessé ? Pas le stoïcien, qui estimera que *vous êtes responsable* du fait d'avoir perçu l'insulte comme vexante. Vous souffrez après une rupture ? Mais ce qu'il y a de chagrin dans l'amour ne dépend, là encore, que de vous… Et ce train qui n'arrive pas ? Qui donc est cause de votre agacement, de votre irritation, de votre stress ? La SNCF ? Certainement pas : c'est encore vous-même…

Génie du stoïcisme : comprendre l'ordre du monde pour l'épouser ensuite. Ainsi Épictète écrit-il en une formule saisissante : « N'attends pas que les événements arrivent comme tu le souhaites ; décide de vouloir ce qui arrive et tu seras heureux. »

Et Descartes s'en souviendra, quand, partant à la recherche de la vérité, il se donnera une morale par provision. Il vaut mieux « changer ses désirs, plutôt que l'ordre du monde »…

L'IMAGE *de la charrette*

Une image, pour finir, qui nous permettra de récapituler cette pensée. Nous la devons à Hippolyte, penseur chrétien du IIIe siècle, qui la reprend lui-même aux stoïciens grecs Zénon et Chrysippe :

> « » Eux aussi Zénon et Chrysippe affirmaient que tout est destin avec l'exemple suivant. Quand un chien est attaché à une charrette, s'il veut la suivre, il est tiré et il la suit, faisant coïncider son acte spontané avec la nécessité ; mais s'il ne veut pas la suivre, il y sera contraint dans tous les cas. De même en est-il des hommes : même s'ils ne le veulent pas, ils seront dans tous les cas contraints de suivre leur destin.

Alors, mieux vaut ne pas se débattre et décider d'accepter le cours des choses, jusqu'à l'aimer...

DU STOÏCISME *au développement personnel*

Jusqu'à l'aimer, même quand il paraît détestable. Admirables stoïciens, qui trouvent la liberté jusque dans les fers ! Admirables stoïciens, dont la postérité paraît d'ailleurs assurée : car nous l'avons remarqué, on assimile très souvent le philosophe au sage. Mais que voulions-nous dire par là ?

Que nous aimerions risquer un parallèle entre le stoïcisme et un phénomène plus contemporain. Un phénomène qui se diffuse largement, et qui ne vous a certainement pas échappé. Un phénomène d'une ampleur certaine, dont il faut dire qu'il n'est pas sans rappeler nos Zénon, Cicéron, Épictète et autres Marc Aurèle. De quoi s'agit-il ? De l'arrivée en force du développement personnel.

Car c'est un fait : le développement personnel, aujourd'hui, est en vogue. Or, quel est son message ? Ni plus ni moins que le suivant : pour trouver le bonheur, il faut travailler sur vous. Et pas de panique, bien sûr, car vous n'êtes pas tout seul : des coachs sont là pour vous aider.

La montée en puissance des coachs, ces nouveaux inspirés. Aux domaines de compétence, d'ailleurs, très variés : il y en a même pour vous aider à améliorer vos relations avec Dieu. Vous avez l'embarras du choix.

Or, on doit le souligner encore : le parallèle avec le stoïcisme est frappant : dans les deux cas, tout se passe comme si le problème venait de ce que nous ne parvenions pas à faire la part des choses, et qu'une conversion du regard était nécessaire pour trouver le bonheur. Dans les deux cas, le postulat est donc le même : si ça va mal, c'est qu'il y a quelque chose, en vous, qui est à améliorer. À quoi bon, sinon, s'en remettre à un coach ?

Or, ce phénomène ne peut manquer d'être intéressant, si l'on accorde qu'une pensée n'apparaît pas dans n'importe quelle circonstance. Et c'est ce que nous voudrions voir maintenant, en supposant que si nous comprenons le contexte qui a favorisé l'émergence du stoïcisme, on portera un regard... plus avisé sur le nôtre !

LE STOÏCISME :
philosopher par temps de crise

Disons de suite que le stoïcisme apparaît dans un contexte de crise. C'est en effet le moment où l'hégémonie macédonienne vient remettre en cause le modèle de liberté du citoyen athénien ; la cité a perdu son autonomie, et c'est à une crise morale, politique et existentielle que sont confrontés les individus.

Quelle est la solution, quand le salut ne peut plus passer par les institutions, la vie politique et le gouvernement des hommes ? Celle du repli sur soi, ultime échappatoire : c'est en travaillant sur soi, encore une fois, qu'on trouvera le bonheur. Plutôt que d'affronter la crise, donc, la contourner par l'indifférence, en se réfugiant dans sa citadelle intérieure.

C'est le moment du doute, et l'on en revient à d'anciennes valeurs : celles de la nature, contre cette culture qui, décidément, ne fonctionne pas. L'ordre du vrai, c'est celui du *cosmos*, refuge des hommes qui se seraient oubliés dans la civilisation. Encore une fois : Dieu, c'est la nature !

Le parallèle avec notre époque n'est-il pas frappant ?

PETITE PARENTHÈSE
sur la nature « fantasmée »

Aujourd'hui, la nature est divinisée. L'ordre naturel est conçu comme une norme, comme source de valeur : il faudrait retrouver la nature, pour se retrouver soi-même. Mais discutons cela : comment la nature pourrait-elle être une norme ? Et d'ailleurs, qu'appelle-t-on nature ? Se retrouve-t-on vraiment face à la nature, quand nous partons, par exemple, à la campagne ?

N'oublions pas quelque chose : ce que nous appelons « nature », ce face à quoi nous aimons nous retrouver, n'a en réalité rien de naturel, puisqu'il s'agit bien au contraire du produit de l'Histoire, c'est-à-dire de la culture. Que d'efforts, que de travail, n'a-t-il pas fallu à l'homme pour créer ses paysages champêtres !

Il semble donc que nous ayons oublié quelque chose : c'est que la nature, la vraie nature, la nature brute, n'a rien de sympathique pour l'homme. Parmi tous les vivants, c'est l'être le plus fragile. Et comme l'a bien analysé Platon dans le mythe de Prométhée, la différence entre l'homme et les autres animaux réside précisément en ceci que, contrairement à eux, il n'est pas directement adapté à la nature mais, en raison même de sa faiblesse, il est contraint d'adapter la nature à lui !

Autrement dit, l'homme ne peut survivre qu'à condition de modifier la nature, pour la transformer en *environnement*. Bref, l'homme est un être condamné à entrer dans l'Histoire, c'est-à-dire à inventer sa propre nature qui n'est autre… que la culture ! L'homme, un être qui, par définition, est *anti-nature*.

Mais le bio, c'est pas bien ? Ça dépend ! N'oublions pas que le paludisme, par exemple, est transmis par un moustique garanti 100 % bio ; ceux qui en meurent ne voient certainement pas la nature comme nous.

Contrairement à ce que pensaient les stoïciens, il ne peut donc pas y avoir de norme dans la nature ; ce qu'il faut protéger, ce ne peut être la planète ou la nature (qui a liquidé plus d'une fois toutes les espèces vivantes qu'elle portait, sans sourciller !), mais l'environnement.

Mais alors, les stoïciens auraient-ils tout faux ? Pas aussi simple, car ils ne vivaient pas à la même époque que nous : vouloir changer ses désirs plutôt que l'ordre du monde est même salvateur, quand on ne dispose pas des moyens de changer l'ordre du monde. Mais aujourd'hui, cela doit-il être le cas ?

« L'homme est un être d'anti-nature »

Formule étonnante, mais pourtant vraie : l'homme, on l'a vu, doit nier la nature extérieure pour survivre. Mais plus ordinairement encore, l'homme passe son temps à nier la nature qui est en lui, lorsqu'il domine ses pulsions, au nom des codes de la culture. Ainsi la loi naturelle dit-elle en vous « mange », quand la culture impose : « Servez-vous d'abord. » Dans quelle société vivrions-nous, si nous obéissions toujours à notre nature ?

PHILOSOPHIE *et sagesse*

Pour conclure, on tâchera donc de ne pas réduire la philosophie à l'une de ses branches, la sagesse. Non pas que la sagesse soit à rejeter, ni même le développement personnel. Non, certainement pas : le problème vient plutôt de ce qu'ils prennent la forme d'une idéologie, quand ils prétendent répondre à tous nos problèmes.

Car des problèmes, il y en a, en contexte de crise. Et les plus mal intentionnés ne rêveront-ils pas, en un tel contexte, d'un peuple stoïque qui, à sa souffrance, n'ajoute ni le chagrin, ni la plainte, ni la colère, mais travaille sur lui pour épouser le cours des choses ?

MAIS ALORS LA PHILO,
ce n'est pas fait pour aller mieux ?

Rappelons que la philosophie, initialement, c'est-à-dire telle qu'elle apparaît avec Socrate, est d'abord une interrogation sur les mots. Le philosophe est celui qui interroge nos évidences, dont on s'aperçoit souvent qu'elles sont le masque du préjugé. Qu'appelles-tu « bonheur » ? demande le philosophe.

La philosophie est fille de la crise. Comme le dit le philosophe Dominique Pagani : les maux de la cité s'expriment dans les mots de la cité. Où l'on voit que la philosophie bien comprise est indispensable aujourd'hui : car pour trouver le bonheur, il faut d'abord se débarrasser des illusions sur le bonheur. Le philosophe, donc, ne peut manquer d'être *in-quiet*.

Ultime conséquence : votre chat n'est pas plus philosophe que vous.

Remerciements

Je souhaite remercier Sandra Monroy, mon éditrice (à l'humour implacable !). Ce fut un immense plaisir, mais aussi une vraie chance, de travailler avec elle.

Merci à Manon Sautreau, qui a trouvé le titre, mais sans laquelle rien de ce livre, surtout, n'eut été possible.

Un grand merci à toute l'équipe des Bons Profs, et plus particulièrement à Julien, Violette, Fanny et Laurence pour leur accompagnement.

Pour leurs conseils et relectures, j'exprime toute ma gratitude à Juliette Serfati, Héléna Roussière et Chams Zarrouk.

Merci à Rémi François pour son aide. Il a eu les meilleures idées de ce livre. Je promets d'aller le voir plus souvent, même si c'est en banlieue.

Merci à Dominique Pagani, philosophe, pour tout ce que son enseignement m'a apporté.

Un merci tout particulier à Laurence Duverly, ma cousine, pour son aide et son soutien en tout point.

Merci à Lucie, Enzo et Denis, mes frères et sœur, ainsi qu'à mes parents. Ils furent mes premiers lecteurs.

Enfin, je souhaite remercier tous mes élèves, ceux des années passées, ceux de l'année présente, et tout particulièrement ma Terminale Littéraire. Cette section disparaîtra l'année prochaine, suite à la réforme du lycée ; pouvais-je rêver d'une meilleure classe pour cette dernière année ?